MINISTÈRE DE L'INSTRUCTION PUBLIQUE ET DES BEAUX-ARTS

MÉMOIRES

PUBLIÉS

PAR LES MEMBRES

DE

L'INSTITUT FRANÇAIS D'ARCHÉOLOGIE ORIENTALE

DU CAIRE

SOUS LA DIRECTION DE M. GEORGE FOUCART

TOME QUARANTIÈME

CLAUDE PROST

LES REVÊTEMENTS CÉRAMIQUES

DANS LES MONUMENTS MUSULMANS

DE L'ÉGYPTE

LE CAIRE

IMPRIMERIE DE L'INSTITUT FRANÇAIS

D'ARCHÉOLOGIE ORIENTALE

1917

N° 44. AOUT 1917.

MINISTÈRE DE L'INSTRUCTION PUBLIQUE ET DES BEAUX-ARTS.

INSTITUT FRANÇAIS D'ARCHÉOLOGIE ORIENTALE

DU CAIRE.

CATALOGUE DES PUBLICATIONS.

MÉMOIRES PUBLIÉS PAR LES MEMBRES DE L'INSTITUT FRANÇAIS D'ARCHÉOLOGIE ORIENTALE DU CAIRE (Pour faire suite aux *Mémoires publiés par les Membres de la Mission archéologique française du Caire*) :

Tome I. — V. Scheil. *Une saison de fouilles à Sippar,* avec 7 planches hors texte et 88 figures dans le texte (1902)........ 30 fr.

Tome II. — É. Vernier. *La bijouterie et la joaillerie égyptiennes,* avec 25 planches hors texte et 200 figures dans le texte (ouvrage couronné par l'Académie des inscriptions et belles-lettres, prix Delalande-Guérineau) (1907)........ 45 fr.

Tome III. — P. Casanova. *Makrîzî, Description topographique et historique de l'Égypte* (1906)........ 40 fr.

Tome VI. — J.-É. Gautier et G. Jéquier. *Mémoire sur les fouilles de Licht,* avec 30 planches hors texte et 144 figures dans le texte (1902). 50 fr.

Tome VII. — G. Salmon. *Études sur la topographie du Caire. La Kalʿat al-Kabch et la Birkat al-Fîl,* avec 3 planches hors texte (1902).... 20 fr.

Tome VIII. — U. Bouriant, G. Legrain et G. Jéquier. *Monuments pour servir à l'étude du culte d'Atonou en Égypte.* Tome Ier, avec 65 planches hors texte et 47 figures dans le texte (1903)........ 80 fr.

Tome IX. — P. Lacau. *Fragments d'apocryphes coptes,* avec 6 planches hors texte (1904)........ 30 fr.

Tome X. — A. Deiber. *Clément d'Alexandrie et l'Égypte,* avec 48 figures dans le texte (1904)........ 35 fr.

Tome XI. — D. Mallet. *Le Kasr el-Agoûz,* avec une planche hors texte et 53 figures dans le texte (1909)........ 35 frs.

Tome XII. — J. Clédat. *Le monastère et la nécropole de Baouît.* Tome Ier, premier fascicule, avec 38 planches hors texte, dont 17 en couleurs, et 43 figures dans le texte (1904)........ 80 fr.
Deuxième fascicule, avec 76 planches hors texte, dont 30 en couleurs, et 27 figures dans le texte (1906)........ 120 fr.

I. F. A. O. C. — Sie A. n° 32. — 1100 ex. in-8° raisin. — 15-8-1917. [*]

Mémoires (*suite*) :

Tome XIII. — É. Chassinat. *Fouilles à Baouît.* Tome Ier, premier fascicule, avec 110 planches hors texte (1911)................... 85 fr.

Tome XIV. — É. Chassinat, H. Gauthier et H. Pieron. *Fouilles de Qattah*, avec 18 planches hors texte et 17 figures dans le texte (1906). 32 fr.

Tome XV. — F. Guilmant. *Le tombeau de Ramsès IX*, 96 planches hors texte (1907)................................ 72 fr.

Tome XVI. — É. Chassinat. *Le mammisi d'Edfou.* Premier fascicule, avec 52 planches hors texte (1909)...................... 80 fr.

Tome XVII. — H. Gauthier. *Le Livre des rois d'Égypte.* Tome Ier «Des origines à la fin de la XIIe dynastie» (1907)............. 55 fr.

Tome XVIII. — H. Gauthier. *Le Livre des rois d'Égypte.* Tome II, premier fascicule «De la XIIIe à la fin de la XVIIe dynastie» (1910). 35 fr.
Deuxième fascicule «La XVIIIe dynastie» (1912).......... 35 fr.

Tome XIX. — H. Gauthier. *Le Livre des rois d'Égypte.* Tome III, premier fascicule «XIXe et XXe dynasties» (1913)................ 30 fr.
Deuxième fascicule «De la XXIe à la XXIVe dynastie» (1914).. 30 fr.

Tome XX. — H. Gauthier. *Le Livre des rois d'Égypte.* Tome IV, premier fascicule «Dynasties XXV à XXXII» (1915).............. 30 fr.
Deuxième fascicule «Les Ptolémées» (1916)............. 35 fr.

Tome XXI. — H. Gauthier. *Le Livre des rois d'Égypte*..... Tome V «Les Empereurs romains» (1917)..................... 45 fr.

Tome XXII. — É. Galtier. *Foutouḥ al-Bahnasâ* (1909)........ 30 fr.

Tome XXIII. — É. Chassinat. *Le quatrième livre des entretiens et épîtres de Shenouti*, avec deux planches hors texte (1911)............ 40 fr.

Tome XXIV. — É. Chassinat et C. Palanque. *Une campagne de fouilles dans la nécropole d'Assiout*, avec 40 planches hors texte, dont 3 en couleurs, et 7 figures dans le texte (1911)........................ 90 fr.

Tome XXV. — M. van Berchem. *Matériaux pour un* Corpus inscriptionum arabicarum. Deuxième partie, Syrie du Nord, par M. Moritz Sobernheim. Premier fascicule : «ʿAkkâr, Ḥiṣn al-Akrâd, Tripoli», avec 15 planches hors texte et 14 figures dans le texte (1909).... 35 fr.

Tome XXVI. — J.-Ét. Gautier. *Archives d'une famille de Dilbat au temps de la première dynastie de Babylone*, avec une planche hors texte (1908). 20 fr.

Tome XXVII. — É. Galtier. *Mémoires et fragments inédits*, réunis et publiés par M. É. Chassinat (1912)........................ 35 fr.

Mémoires (*suite*) :

Tome XXVIII. — L. Massignon. *Mission en Mésopotamie* (1907-1908). Tome premier «Relevés archéologiques», avec 63 planches hors texte, dont une carte, et 11 figures dans le texte (1910).......... 60 fr.

Tome XXIX. — M. van Berchem. *Matériaux pour un* Corpus inscriptionum arabicarum. Troisième partie, Asie Mineure. Premier fascicule : «Siwas et Diwrigi», avec 46 planches hors texte et figures dans le texte, par MM. van Berchem et Halil Edhem (1910)................ 65 fr.
Deuxième fascicule (1917)................................ 6 fr.

Tome XXX. — G. Wiet. *El-Mawâʿiz wa'l-Iʿtibâr fi dhikr el-Khiṭaṭ wa'l-Âthâr*. Tome Ier, premier fascicule (1911)................ 24 fr.
Deuxième fascicule (1911).......................... 26 fr.

Tome XXXI. — L. Massignon. *Mission en Mésopotamie* (1907-1908). Tome II «Épigraphie et topographie historique», avec 28 planches hors texte, dont deux plans, et 19 figures dans le texte (1912)..... 46 fr.

Tome XXXIII. — G. Wiet. *El-Mawâʿiz wa'l-Iʿtibâr fi dhikr el-Khiṭaṭ wa'l-Âthâr*. Tome II (1913)............................ 30 fr.

Tome XXXIV. — J. Couyat et P. Montet. *Les inscriptions hiéroglyphiques et hiératiques du Ouâdi Hammâmât*. Premier fascicule (1912)..... 26 fr.
Deuxième fascicule, avec 45 planches hors texte (1913)..... 34 fr.

Tome XXXV. — P. Casanova. *Essai de reconstitution topographique de la ville d'al Fousṭâṭ ou Miṣr*. Tome Ier, premier fascicule, avec 32 figures dans le texte (1913)................................ 20 fr.
Deuxième fascicule, avec 29 figures dans le texte (1916)...... 22 fr.
Troisième fascicule.......................... (Sous presse.)

Tome XXXVI. — J. Maspero et G. Wiet. *Matériaux pour servir à la géographie de l'Égypte*. Première série, premier fascicule (1914).. 19 fr.

Tome XXXVII. — M. van Berchem et Edm. Fatio. *Voyage en Syrie*. Tome Ier, premier fascicule, avec 3 cartes et 33 figures dans le texte (1914).. 22 fr.
Deuxième fascicule, avec 147 figures dans le texte (1914).... 30 fr.

Tome XXXVIII. — M. van Berchem et Edm. Fatio. *Voyage en Syrie*. Tome II, premier fascicule, 78 planches hors texte (1915)... 38 fr.
Deuxième fascicule (1915)......................... 6 fr.

Tome XXXIX. — J. Clédat. *Le monastère et la nécropole de Baouît*. Tome II, premier fascicule, avec 16 planches hors texte, dont 7 en couleurs, et 29 figures dans le texte (1916)........................ 38 fr.

Tome XL. — C. Prost. *Les revêtements céramiques dans les monuments musulmans de l'Égypte*, avec 12 planches hors texte (1917)........ 20 fr.

Tome XLI. — J. Lesquier. *L'Armée romaine d'Égypte, d'Auguste à Dioclétien*. Premier fascicule (1917)................ (Va paraître.)
Deuxième fascicule.......................... (Sous presse.)

BIBLIOTHÈQUE D'ÉTUDE.

Tome I. — G. Maspero. *Les Mémoires de Sinouhît* (1908)..... 20 fr.
Tome II. — W. Golénischeff. *Le Conte du Naufragé* (1912).... 26 fr.
Tome III. — V. Loret. *L'Inscription d'Ahmès fils d'Abana* (1910).. 3 fr.
Tome IV. — H. Gauthier. *La grande inscription dédicatoire d'Abydos* (1912) .... 16 fr.
Tome V. — G. Maspero. *Hymne au Nil* (1912)............... 20 fr.
Tome VI. — G. Maspero. *Les Enseignements d'Amenemhaît Ier à son fils Sanouasrît Ier* (1914).............................. 20 fr.
Tome VII. — J. Lesquier. *Grammaire égyptienne* (1914)........ 20 fr.

TEXTES ARABES.

H. Massé. — *Ibn Muyassar (Ibn Mîsar). Chronique*...... (Sous presse.)
— *Ibn 'Abd el Ḥakam. Le Livre de la conquête de l'Égypte, du Magreb et de l'Espagne*, premier fascicule : 1re et 2e parties (1914). 11 fr.

DIVERS.

É. Chassinat. — *Catalogue des signes hiéroglyphiques de l'Imprimerie de l'Institut français d'archéologie orientale du Caire* (1907).. 7 fr. 50
— *Supplément au Catalogue des signes hiéroglyphiques de l'Imprimerie de l'Institut français d'archéologie orientale du Caire* (1912).... 2 fr.
H. Gauthier. — 2e *Supplément au Catalogue des signes hiéroglyphiques de l'Imprimerie de l'Institut français d'archéologie orientale du Caire* (1915).. 2 fr.
A. Geiss. — *De l'Établissement des manuscrits destinés à l'impression. Conseils pratiques aux auteurs* (avec les spécimens des signes de correction typographique et des caractères étrangers en usage à l'Imprimerie de l'Institut français du Caire) (1906)............. 3 fr. 50

CES PUBLICATIONS SONT EN VENTE :

AU CAIRE : à l'Institut français d'archéologie orientale;
A PARIS : chez A. Fontemoing et Cie, E. de Boccard successeur, 4, rue Le Goff;
A LONDRES : chez Bernard Quaritch, 11, Grafton Street.

LE CAIRE. — IMPRIMERIE DE L'INSTITUT FRANÇAIS D'ARCHÉOLOGIE ORIENTALE.

BULLETIN DE L'INSTITUT FRANÇAIS D'ARCHÉOLOGIE ORIENTALE.

Le Bulletin de l'Institut paraît par fascicules de neuf à dix-huit feuilles de texte ou planches hors texte, qui forment, chaque année, un ou plusieurs volumes de deux cent cinquante à trois cents pages ou planches hors texte environ.

Le prix du volume est de 30 francs pour l'Égypte et de 32 francs pour l'extérieur. Aucun fascicule n'est vendu séparément.

Les tomes I à XIII sont en vente. Le 1er fascicule du tome XIV est sous presse.

Bulletin — Tirages à part :

É. Chassinat. — *Une tombe inviolée de la XVIIIe dynastie découverte aux environs de Médinet el-Gorab, dans le Fayoûm* (avec 3 planches et 4 figures dans le texte) ... 5 fr.

— *Fragments de manuscrits coptes en dialecte fayoumique* ... 6 fr.

— *Sur une représentation du dieu Oukh* ... } 1 fr. 25

— *Note sur le titre* [hieroglyphs] ... }

— *Note sur un nom géographique emprunté à la grande liste des nomes du temple d'Edfou* ... 0 fr. 50

P. Casanova. — *Notes sur un texte copte du XIIIe siècle. — Les noms coptes du Caire et des localités voisines* (avec une carte en couleurs) ... 12 fr.

— *De quelques légendes astronomiques arabes considérées dans leurs rapports avec la mythologie égyptienne* (avec une planche) ... 6 fr.

J. Clédat. — *Notes archéologiques et philologiques* (avec 7 planches et nombreuses figures) ... 10 fr.

G. Salmon. — *Rapport sur une mission à Damiette* ... 2 fr.

— *Note sur un manuscrit du fonds turc de la Bibliothèque nationale.* 1 fr.

— *Notes d'épigraphie arabe* (avec une planche) ... 4 fr.

— *Un texte arabe inédit pour servir à l'histoire des Chrétiens d'Égypte* ... 5 fr.

P. Jouguet. — *Ostraka du Fayoum* ... 2 fr.

V. Scheil. — *Deux nouvelles lettres d'El-Amarna* (avec une planche). 2 fr.

É. Galtier. — *Sur les mystères des lettres grecques* ... 3 fr. 50

— *Notes de linguistique turque* ... 2 fr.

— *Les Fables d'Olympianos* ... 2 fr. 50

— *Sur une forme verbale de l'arabe d'Égypte* ... 1 fr.

— *Contribution à l'étude de la Littérature arabe-copte* ... 12 fr.

— *Coptica-Arabica* ... 9 fr.

V. Loret. — *Horus-le-Faucon* (avec 2 planches en couleurs) ... 6 fr.

G. Lefebvre. — *Inscriptions chrétiennes du Musée du Caire* ... 4 fr.

— *Fragments grecs des Évangiles sur ostraka* (avec 3 planches). 4 fr. 50.

Bulletin. — Tirages à part (*suite*) :

C. Palanque. — *Rapport sur les fouilles d'El-Deir* (1902)........ 2 fr.
— *Notes sur quelques jouets coptes en terre cuite* (avec 2 planches). 4 fr.
— *Notes de fouilles dans la nécropole d'Assiout*.................. 2 fr.
— *Rapport sur les recherches effectuées à Baouit en 1903* (avec 17 planches).. 15 fr.
— *Un moule égyptien trouvé à Lectoure*.......................... 1 fr.

H. Gauthier. — *La déesse Triphis*................................ 2 fr. 50
— *Notes géographiques sur le nome Panopolite* (avec une carte). 7 fr.
— *Quelques remarques sur la XIe dynastie*..................... 2 fr.
— *Notes et remarques historiques*, § I-VII..................... 2 fr. 25
— *Un précurseur de Champollion au XVIe siècle*................ 2 fr.
— *Rapport sur une campagne de fouilles à Drah Abou'l Neggah, en 1906* (avec 13 planches)..................................... 10 fr.

L. Barry. — *Un papyrus grec*..................................... 3 fr.
— *Sur une lampe en terre cuite.* — Le culte des Tyndarides dans l'Égypte gréco-romaine (avec une planche)................. 2 fr.

A. Deiber. — *Notes sur deux documents coptes*.................... 2 fr.

G. Jéquier. — *De l'intervalle entre deux règnes sous l'ancien empire*..
— *Les nilomètres sous l'ancien empire*.............. } 1 fr.

H. Pieron. — *Un tombeau égyptien à coupole sur pendentifs* (avec une planche).. 1 fr. 25

J. Couyat. — *La route de Myos-Hormos et les carrières de porphyre rouge* (avec 2 planches)..........................
— *Sur la nature et le gisement de la pierre des statues de Khéphren du Musée égyptien du Caire*...........
— *Remarques sur l'origine égyptienne des roches employées dans les monuments de Spalato et de Salone*........ } 2 fr. 50
— *Alexis Bert. Description du désert de Siout à la mer Rouge* (d'après un manuscrit de la Bibliothèque de Turin)........... 10 fr.

Fr. W. von Bissing. — *Encore la XIe dynastie* (avec une planche).. 3 fr.

L. Massignon. — *Notes sur le dialecte arabe de Bagdad* (avec 2 planches) .... 4 fr.

BIBLIOTHÈQUE DES ARABISANTS FRANÇAIS.

Première série. *Silvestre de Sacy*, par M. G. Salmon. Tome Ier (1905). fr. 15

MÉMOIRES

PUBLIÉS

PAR LES MEMBRES

DE

L'INSTITUT FRANÇAIS D'ARCHÉOLOGIE ORIENTALE

DU CAIRE

TOME QUARANTIÈME

MINISTÈRE DE L'INSTRUCTION PUBLIQUE ET DES BEAUX-ARTS

MÉMOIRES

PUBLIÉS

PAR LES MEMBRES

DE

L'INSTITUT FRANÇAIS D'ARCHÉOLOGIE ORIENTALE

DU CAIRE

SOUS LA DIRECTION DE M. GEORGE FOUCART

TOME QUARANTIÈME

LE CAIRE

IMPRIMERIE DE L'INSTITUT FRANÇAIS

D'ARCHÉOLOGIE ORIENTALE

1916

LES

REVÊTEMENTS CÉRAMIQUES

DANS LES MONUMENTS MUSULMANS

DE L'ÉGYPTE

PAR

M. CLAUDE PROST.

INTRODUCTION.

Cette étude concerne les revêtements céramiques dans les monuments d'art musulman en Égypte; c'est un des chapitres destinés au travail d'ensemble, que nous nous proposons de faire, sur la décoration en mosaïque et en carreaux de faïence, très importante dans les monuments de la Mésopotamie, de la Perse, du Turkestan, de l'Asie Mineure, de la Syrie et du Moghreb. En Égypte, l'histoire du décor céramique peut se diviser en quelques périodes bien distinctes : mosaïques de faïence [1], de 718 de l'Hégire (1318) à 749 H. (1348); carreaux de faïence (fabrication locale), de 901 H. (1495-1496) à 951 H. (1544-1545). Puis de 951 H. (1544-1545) (conquête de l'Égypte par les Turcs) au XVIIIe siècle apparaissent les plaques de faïence importées d'Asie Mineure et de Syrie. Durant cette dernière période les ateliers du Caire tentent d'imiter les carreaux d'importation; on fait aussi un emploi fréquent des plaques de faïence du Moghreb et des fabriques européennes. Enfin la ville de Rosette est le siège, pendant le XVIIIe siècle, d'une fabrication spéciale de carreaux de faïence.

Je demande toute l'indulgence des lecteurs qui reconnaîtront, avec moi, combien l'étude de la céramique orientale est encore peu

[1] Nous n'avons pas fait mention des marqueteries de marbre et de pierres de couleur, dans laquelle entrent aussi des morceaux de faïence ordinairement bleu turquoise (petits rectangles, carrés, ronds, étoiles, etc.). Voir les mosquées Al-Mâridâni, sultan Hasan (cf. HERZ BEY, *Catalogue*, p. 227), Aslam Al-Bahâï, etc.

connue, sans base solide et souvent interrompue par l'impossibilité d'obtenir une précision scientifique.

Il ne me reste plus maintenant qu'à témoigner ma vive gratitude à M. Max van Berchem pour ses précieux conseils et à MM. Herz pacha, Ali bey Bahdjat et Mahmûd Akkouch pour le constant et bienveillant appui que j'ai toujours trouvé auprès d'eux dans le travail et le cours de mes recherches[1].

C. Prost.

[1] Abréviations employées dans les citations : *Corpus* (Max van Berchem, *Matériaux pour un* Corpus inscriptionum arabicarum, dans les *Mémoires de la Mission archéologique française du Caire,* t. XIX); Comité (Comité de Conservation des monuments de l'art arabe au Caire, fascicules I à XXIX, 1882-1912); Herz bey, *Catalogue* (*Catalogue raisonné des monuments exposés dans le Musée national de l'art arabe,* deuxième édition, Le Caire, 1906).

LES

REVÊTEMENTS CÉRAMIQUES

DANS LES

MONUMENTS MUSULMANS DE L'ÉGYPTE.

PREMIÈRE PARTIE.

LE CAIRE.

CHAPITRE PREMIER.

LA MOSAÏQUE DE FAÏENCE (DE 718 H. [1318] À 749 H. [1348]).

§ 1. — MOSQUÉE DE MOHAMMAD AN-NÂÇER IBN QALÂOÛN.

Construite en 718 H. (1318)[1] dans l'enceinte de la citadelle du Caire, la mosquée du sultan mamlouk Al-Malik An-Nâçer Mohammad ibn Qalâoûn conserve sur la partie supérieure de ses deux minarets la même ornementation céramique qui recouvrait antérieurement le mihrâb[2]. Le sommet des minarets

[1] D'après un historien anonyme, Mohammad ibn Qalâoûn fit reconstruire de 723 à 734 la mosquée et l'Iwân (CASANOVA, *Hist. et descript. de la Citadelle du Caire*, dans les *Mémoires de la Mission archéologique du Caire*, 1897, t. VI, p. 630; MAQRIZI, *El-Khitat*, éd. Boulaq, t. II, p. 212; MAX VAN BERCHEM, *Matériaux pour un* Corpus, dans les *Mémoires de la Mission archéologique du Caire*, t. XIX, p. 168, note 1 et p. 764).

[2] Ibn Iyâs (Bibl. nat., ms. 595 A, f° 142 verso; éd. Boulaq, 1311, t. I, p. 160, l. 17. Voir CASANOVA, *op. cit.*, p. 623, 684, 695, 743) mentionne que la qiblah et les minarets de la mosquée étaient «verts», c'est-à-dire plaqués de faïence verte, comme la décoration actuelle des minarets. La coupole de l'Iwân, monument élevé par le même sultan sur l'emplacement occupé aujourd'hui par la mosquée Mohammad Ali, était également revêtue de plaques de faïence verte (CASANOVA, *op. cit.*, p. 629-635, 683, 743).

présente la forme d'un dôme bulbeux à côtes saillantes, recouvert d'un placage de faïence de couleur verte[1]. Au-dessous, un bandeau circulaire porte une inscription coranique[2] en mosaïque de faïence. Les lettres, en très grands caractères naskhi mamlouk, sont composées de morceaux de faïence blanche découpés et rapportés dans un champ de faïence bleu très foncé.

Le minaret Est[3] est entouré, à la suite de l'inscription, par deux tores superposés, d'épaisseur inégale, recouverts de plaques de faïence verte. Le fût, compris entre ces moulures et la galerie supérieure du minaret, présente des cannelures à côtes demi-cylindriques et un large bandeau plaqués de carreaux rectangulaires de faïence verte.

Placé à l'angle nord-est de la mosquée, un second minaret (pl. I, 1)[4], le plus élégant et le mieux conservé, est surmonté par une coupole bulbeuse à côtes très saillantes et de forme plus écrasée que celle du minaret de l'est. Son revêtement de faïence verte, en grande partie intact, est composé de plaques hexagonales dans la partie inférieure et rectangulaires dans la seconde moitié supérieure du dôme. L'inscription est semblable à celle du minaret précédent. Un tore, en fort relief, posé sur un second de dimensions moindres, recouverts tout deux de faïence verte, entourent le fût du minaret et font suite au bandeau de l'inscription; une légère moulure formée par un rang de carreaux de faïence blanche est placée sous ces deux anneaux. Nous retrouvons les mêmes cannelures à côtes demi-cylindriques plaquées de faïence verte, mais séparées les unes des autres par un encadrement de faïence blanche orné, dans le milieu et à la partie supérieure, par un étroit filet de faïence bleue. A la base des cannelures un couronnement circulaire est constitué par une corniche à six côtés, également décorée de faïence verte et d'ornements en bleu et en blanc. Un crénelage, dont les merlons, de forme triangulaire, sont revêtus de faïence verte, encadrée par un liséré blanc et bleu, est posé sur le rebord (de ceux-là il n'en demeure que trois) et aux angles de la corniche[5]. Enfin un encorbellement de stalactites

[1] Les carreaux de faïence sont appliqués sur une épaisse couche de mortier, recouvrant l'ossature en pierre des minarets.

[2] بسم الله الخ هو الحي القيوم الخ (*Coran*, II, 256). Casanova, *op. cit.*, p. 622. Ces inscriptions sont actuellement à moitié détruites.

[3] *Description de l'Égypte, État moderne*, Paris, 1809, t. I, in-f°, E. M., pl. 73, fig. 6; Bourgoin, *Précis de l'Art arabe*, dans les *Mémoires de la Mission archéologique française du Caire*, 1892, t. VII, p. 2 et pl. IV; Saladin, *Manuel d'Art musulman*, I, *L'Architecture*, Paris, 1907, p. 120, fig. 77, 1, II.

[4] *Description de l'Égypte*, op. cit., pl. 73, fig. 7; Bourgoin, *op. cit.*, p. 1, pl. II; Gayet, *L'Art arabe*, Paris, 1893, p. 127, fig. 36; Saladin, *op. cit.*, p. 120, fig. 77, I.

[5] *Description de l'Égypte*, etc., pl. 73, fig. 7 et 9. Le minaret est représenté, sur cette planche,

recouvert de plaques en faïence verte entourées d'une bordure bleue, fait suite au couronnement de la corniche. La décoration des stalactites n'est conservée aujourd'hui que sur quelques colonnes de la lanterne de l'édifice, au-dessus et un peu à gauche de la porte donnant accès au balcon du minaret (pl. I, 2)[1]. Une des colonnes de la lanterne, située à droite de la porte du balcon, était primitivement ornée de carreaux de faïence verte; il ne reste en place que quelques fragments. Le décor du monument que nous venons de décrire est un des chefs-d'œuvre de la mosaïque de faïence; l'artiste a plié la décoration céramique à toutes les difficultés que présentait le relief très accidenté de l'architecture des minarets[2] et a rendu dans le choix et l'agencement des carreaux de faïence une puissante harmonie de couleurs[3].

complet de ses merlons qui étaient posés au pied de chaque cannelure. Voir aussi Bourgoin, *op. cit.*, pl. II.

[1] *Description de l'Égypte*, etc., pl. 73, fig. 7 et 9. Sur la figure 7 (voir pl. I, 2), les stalactites ne sont pas distinctement indiquées, mais semblent entourer la corniche. Entre chaque colonne de la lanterne, actuellement toutes dégagées, il existait, à cette époque, une ouverture semblable à une fenêtre avec fronton triangulaire. La planche II du *Précis de l'Art arabe* de Bourgoin nous montre les ruines de l'une d'elles, qui maintenant a également disparu. Il est probable que toute la partie comprise entre le sommet du minaret et le premier balcon était recouverte de carreaux de faïence, comme le minaret de l'est. Nous en avons peut-être la preuve par une des colonnes de la lanterne dont le revêtement de mortier conserve quelques plaques de faïence vertes.

[2] Bibliographie : *Description de l'Égypte*, *État moderne*, Paris, 1809, t. I, in-f°, E. M., pl. 73, fig. 6, 7 et 9; Lane (E. W.), *An account of the manners and customs of the modern Egyptians*, London, 1871, 5e éd., t. II, p. 346; Prisse d'Avennes, *L'Art arabe*, texte, p. 106 et 251, Paris, 1877; Watson (C. M.), *The mosque of Sultan Nasir Mohammad Ibn Kalaoun in the Citadel of Cairo*, dans *J. R. As. Soc.*, New Series, 1886, t. XVIII, part IV, p. 479 et 480; Stanley Lane-Poole, *The art of the Saracens in Egypt*, London, 1886, p. 234 et 235; Bourgoin, *Précis de l'Art arabe*, dans les *Mémoires de la Mission archéologique française du Caire*, 1892, t. VII, p. 1 et 2, pl. II et IV; Gayet, *L'Art arabe*, Paris, 1893, p. 127, fig. 36; Comité de Conservation des Monuments de l'art arabe, Le Caire, fasc. x, 1893, p. 73, consolidation des faïences des minarets; Casanova, *Hist. et descript. de la Citadelle du Caire*, dans les *Mémoires de la Mission archéologique française du Caire*, 1897, t. VI, p. 620 et suivantes et pl. VIII; Max van Berchem, *Matériaux pour un* Corpus, dans les *Mémoires de la Mission archéologique française du Caire*, t. XIX, p. 169 et 764; Stanley Lane-Poole, *The story of Cairo*, London, 1902, p. 223; Herz bey, *Catalogue des monuments exposés dans le Musée national de l'Art arabe*, Le Caire, 2e éd., 1906, p. 227 et p. 237, n° 1, plaque de faïence provenant du minaret septentrional; Saladin, *Manuel d'Art musulman*, I, *L'Architecture*, p. 120, fig. 77, et p. 123, Paris, 1907.

[3] Les faces des deux minarets exposées au nord-ouest sont très dégradées.

SABÎL DU SULTAN MOHAMMAD AN-NÂÇER IBN QALÂOÛN ATTENANT À LA MADRASAH DU SULTAN MALIK MANSÛR QALÂOÛN.

A l'angle nord-est de la façade de la madrasah du sultan Qalâoûn[1] s'élève un sabîl construit par Mohammad ibn Qalâoûn[2], petit édifice dont il ne reste que le tambour en bois, de forme octogonale et percé de fenêtre, d'une coupole placée sur une toiture, le tout supporté par des colonnes. Quatre des côtés de cette lanterne étaient ornés de panneaux en mosaïques de faïence; il n'en demeure qu'un à peu près intact (un second panneau a été formé avec des fragments de faïence maintenus dans du plâtre).

Chacun des panneaux comprenait une bordure supérieure en plaques de faïence rectangulaires de couleur brun manganèse, verte et d'une bande plus étroite blanche; le reste du panneau est occupé par les lettres d'une inscription[3] en très grands caractères naskhi mamlouk formé de fragments de faïence brun manganèse de ton presque noir, dont les morceaux sont soigneusement ajustés dans une couche de plâtre. Une délicate décoration de rinceaux en faïence blanche et verte est enchevêtrée entre les hampes des lettres de l'inscription. Un décor de rinceaux et de palmettes en mosaïque de faïence verte, encastré dans une applique d'angle, formé d'un bloc de plâtre, devait vraisemblablement être fixé sur les angles du tambour. Les couleurs des faïences, d'un émail très pur, ainsi que la terre de teinte jaune siliceuse, sont de même composition que celles du mausolée de Toghaï et de la mosquée Aslam; mais la technique de l'assemblage des morceaux de faïence diffère complètement. Au lieu de trouver les lettres et les motifs décoratifs entourés par un champ de faïence, les panneaux du sabîl de la mosquée Qalâoûn sont formés d'un lit de plâtre dans lequel sont encastrés les morceaux de faïence des lettres et des rinceaux. Ce mode de décoration, le seul et sans doute un des plus anciens que nous connaissons dans les monuments du Caire, a donné lieu à tout un assemblage de petites baguettes de bois qui, appliquées sous les nombreux fragments de faïence des lettres et des décors, et ensuite noyé dans la couche de plâtre, contribuent

(1) La madrasah du sultan Qalâoûn fut élevée en 684 H. (1285).

(2) D'après une inscription découverte sur la frise intérieure du monument, mais dont la date est illisible (communication de M. van Berchem); cf. Comité, fasc. XXVI, 1909, p. 49. En 703 H. (1304), Mohammad ibn Qalâoûn termina la construction de la madrasah Nâçiriyah située à côté et au nord du tombeau du sultan Qalâoûn. Le sabîl portant son nom, adossé à cette dernière construction, est probablement contemporain de ces travaux. Maqrîzi, *Hist. des Mamlouks*, trad. Quatremère, Paris, 1845, t. II, 2e partie, p. 230; Max van Berchem, *Corpus*, p. 152.

(3) Fragment d'inscription coranique ......قُلْ هُوَ اللّٰهُ ....

à donner une grande solidité au panneau entier et à chacun des morceaux de cette marqueterie de faïence[1].

§ 2. — MAUSOLÉE DE L'ÉMIR SAIF AD-DÎN TACHTIMUR.

L'émir Tachtimur, échanson du sultan An-Nâçer Mohammad, construisit son mausolée en 735 H. (1334-1335)[2]. Il était orné, à la naissance du dôme, par un large bandeau de plaques de faïence rectangulaires recouvertes d'un bel émail vert uni[3]. Quelques fragments sont encore conservés sur la partie est du monument.

§ 3. — MOSQUÉE DE L'ÉMIR ALTÛN-BOGHÂ AL-MÂRIDÂNI.

La mosquée de l'émir Al-Mâridâni, échanson du sultan An-Nâçer Mohammad ibn Qalâoûn[4], fut terminée dans l'année 740 de l'Hégire (1340)[5].

Les claires-voies de trois ouvertures (fenêtres) surmontant à l'intérieur les portes d'entrée du monument, sont formées par une nouvelle application de la mosaïque de faïence que l'on est parvenu à découper comme un treillis de plâtre. Le décor est représenté par des rinceaux formés de fragments de faïence verte, bleue et brun manganèse assemblés dans un champ de plâtre et reliés par des baguettes de bois, formant armature, comme nous l'avons remarqué dans les panneaux du sabîl de Mohammad ibn Qalâoûn; le plâtre coulé entre les rinceaux est ensuite évidé et le panneau en mosaïque de faïence est transformé en une clôture à jour[6].

Portail nord. — Le treillis de la fenêtre est formé d'un décor de rinceaux (palmes et fleurons) à larges feuilles en faïence de couleur blanche et brun manganèse.

(1) Il est certain que des monuments élevés au Caire à cette époque reçurent de semblables décorations; les fouilles exécutées dans les collines du Vieux-Caire en 1913-1914 ont mis au jour de nombreux fragments en mosaïque de faïence, conservés actuellement au Musée arabe du Caire.

(2) Max van Berchem, *Corpus*, p. 736. Le mausolée de Tachtimur se trouve au désert, à l'est du Caire, au sud-ouest du mausolée de Qâyt-Bây.

(3) Herz bey, *Catal. du Musée arabe*, p. 227.

(4) Maqrîzi, t. II, p. 308.

(5) Max van Berchem, *Corpus*, p. 190.

(6) Le turbé de Fakhr ed-dîn Alî (Sâhib-Ata) à Konia, élevé en 668 H. (1269-1270), possède, dans la salle centrale du mausolée, une fenêtre ornée d'une claire-voie semblable en mosaïque de faïence, mais formée de dessins géométriques (cf. Sarre, *Denkmäler persischer Baukunst*, Textband, Berlin, 1910, p. 130, fig. 186 et p. 131; Huart, *Épigraphie d'Asie Mineure*, *Revue sémitique*, t. III, 1895, p. 352, n° 50, et Idem, *Konia*, Paris, 1897, p. 177; Saladin, *Manuel d'Art musulman*, I, *L'Architecture*, p. 464).

Portail sud. — Même treillis, mais les rinceaux sont en vert, blanc et brun manganèse; ces deux fenêtres carrées sont entourées par un encadrement de petits rectangles en faïence brun manganèse.

Portail ouest. — La claire-voie du portail ouest comprend une belle rosace de rinceaux en faïence verte et brun manganèse; au milieu, un médaillon circulaire en faïence blanche sertit une inscription (ﷲ) ajourée, ornée de rinceaux[1].

§ 4. — MOSQUÉE ASLAM AL-BAHÂ'I.

La mosquée d'Aslam Al-Bahâ'i fut terminée en 746 H. (1345)[2]. L'ornementation céramique est constituée par une inscription coranique en mosaïque de faïence comprise, à la base du dôme de l'édifice, dans un bandeau circulaire (pl. II). Les lettres, en très grands caractères naskhi mamlouk munis de points diacritiques et de petites décorations florales, sont formées de morceaux découpés de faïence de couleur brun manganèse de ton presque noir, encastrés sur un fond de faïence blanche. L'effet de ce contraste est saisissant; cette impression est due à la transposition inaccoutumée des inscriptions de teinte foncée sur un fond de couleur claire.

L'inscription ne subsiste plus qu'à l'état fragmentaire; chaque partie de verset du texte coranique était encadrée dans une étroite bordure de faïence verte et, de plus, séparée l'une de l'autre par une décoration de grands rinceaux en plaques de faïence verte et bleue sur fond blanc également entouré d'un cadre à bordure verte. Une ceinture de merlons, en mosaïque de faïence verte, blanche et bleue, couronnait la frise de l'inscription; il n'en demeure que de rares fragments[3].

§ 5. — MAUSOLÉE DE LA PRINCESSE (KHOND) TOGHAÏ.

La princesse Toghaï[4], d'origine tartare, une des premières femmes du sultan An-Nâçer Mohammad, mourut en chawal de l'an 749 H. (1348)[5] et fut ensevelie

[1] Bourgoin, *Précis de l'Art arabe, Mémoires de la Mission archéologique française du Caire*, t. VII, 1892, p. 11, pl. LXVII.

[2] Max van Berchem, *Corpus*, p. 195 et p. 196, note 2. Située dans la rue Aslân, près des murs d'enceinte, entre le Bâb-al-Wazir et le Bâb-Mahrûq.

[3] Herz bey, *Catalogue du Musée arabe*, p. 227 et 228.

[4] Maqrîzi, éd. Boulaq, t. II, p. 305; p. 425, mère de l'émir Anouk (voir Maqrîzi, *op. cit.*, p. 282) et sœur d'Ak-Bogha Abd al-Ouahed.

[5] Maqrîzi, *op. cit.*, p. 426. Le tombeau de la princesse Toghaï ne renferme que des inscriptions coraniques (communication de M. Max van Berchem).

dans un mausolée qu'elle fit construire vis-à-vis du tombeau de la princesse Tûlbiyah[1]. Une longue inscription coranique[2] en très grands caractères naskhi mamlouk entourait d'un large bandeau la partie supérieure du tambour du dôme (pl. III). Nous retrouvons la même technique de travail que dans la mosquée d'Aslam Al-Bahâ'i : la mosaïque de faïence. Les lettres, en morceaux de faïence blanche, sont appliquées sur un fond de faïence brun manganèse; des rinceaux constitués par des fragments de faïence verte sont parsemés entre les hampes des lettres. Chacune des phrases du verset de l'inscription était séparée par un motif décoratif à figures variées formé par d'étroites bandes de faïence blanche et bleue entre-croisées affectant la forme d'un losange aux angles arrondis.

L'inscription n'est conservée que sur la partie est du mausolée et contient une part de verset en entier.

Un entablement constitué par une corniche de faïence blanche décorée de rinceaux bleus et verts, et par une couronne de fleurons en mosaïque de faïence bleue et blanche encadrée d'un liséré vert, fait suite à l'inscription et termine le décor céramique du monument[3]. On y remarque la même délicatesse de travail et du choix des couleurs que dans les minarets de la mosquée Mohammad ibn Qalâoûn.

L'ensemble de la décoration des édifices que nous venons d'étudier est constitué par l'emploi de la marqueterie en terre émaillée[4]. C'est sous cette forme que la mosaïque de faïence fait sa première apparition dans les monuments de l'art musulman[5].

[1] Maqrîzi, *op. cit.*, p. 67, 464 et p. 425-426. Le mausolée de la princesse Toghaï se trouve au désert, à l'est du Caire; il est aussi connu sous les noms de Khaouand om Anouk, Khaouand Baraka et de Tekiet al-Charqâwi.

Voir Mehren, *Câhirah og Kérafât*, t. I, p. 69, Copenhague, 1869 (texte en français dans le *Bulletin de l'Acad. de Saint-Pétersbourg*, 1871, t. XV, n° 5, *Tableau général des monuments religieux du Caire*, p. 554-555).

[2] *Coran*, II, 256.

[3] Herz bey, *Catalogue du Musée arabe*, p. 227-228 et p. 237, n° 2, fig. 40, fragment de la mosaïque de faïence.

[4] La même technique de travail s'observe dans les monuments suivants : F. Sarre, *Denkmäler persischer Baukunst*, Berlin, Mosquée de Gazan Han à Tébriz (1295-1304 = H. 695-704), pl. XVIII, et Textband, p. 27; Mosquée ruinée à Asbistan, pl. XVIII, Textband, p. 24; Masdjid Djuma à Véramin (1322 = H. 722); Madrasah Kara-Taï à Konia (1251-1252 = H. 649), pl. XCVIII, Textband, p. 128 et p. 130; Mosquée Imam Riza à Mesched, pl. XXIX. Cf. *Journal des Savants*, 1911, p. 66.

[5] W. et G. Marçais, *Les monuments arabes de Tlemcen*, p. 53, 75, 77-79, Paris, 1903; Saladin,

Le style architectural, la technique décorative indiquent une origine étrangère et en relation étroite avec les monuments des provinces de l'Iran. La dynastie régnante à cette époque, les mamlouks Bahrîtes, originaires de l'Asie centrale, continuaient à y entretenir de nombreuses relations[1].

Il est possible que les architectes chargés de la construction de ces monuments aient été originaires des mêmes contrées; on remarque dans leurs œuvres le caractère propre aux monuments de style iranien. Enfin à l'appui de cette conjecture, quelques monuments d'Égypte, du Turkestan et de l'Asie Mineure furent construits par des architectes étrangers. Ainsi, en Égypte, les deux minarets de la mosquée de l'émir Qûsûn, au Caire, furent élevés en 730 H. (1329-1330) par un architecte de Tauris, sur le modèle du minaret construit par le khawaga Ali-Châh, wazir du sultan Abu Saïd, dans sa mosquée à Tauris[2]. Au Turkestan, à Samarcande, le mausolée de Timoûr-Beg (Goûr-I-Mîr) a été construit en 807 H. (1404-1405) par un architecte persan :

عمل العبد الضعيف محمد بن محمود البنا الاصفهانى

Œuvre du faible esclave Mohammad, fils de Mahmûd, l'architecte natif d'Isfâhân[3].

op. cit., p. 121; F. Sarre, *Denkmäler persischer Baukunst*, Textband, p. 19, Berlin, 1910, et *Erzeugnisse islamischer Kunst*, Teil II, *Seldschukische Kunst*, p. 41, Leipzig, 1909.

[1] Le sultan Mohammad ibn Qalâoûn était originaire du Qyptchaq, Maqrîzi, *El-Khitat*, éd. Boulaq, t. II, p. 238, et *Hist. des Mamlouks*, trad. Quatremère, t. I, 1re partie, p. 1, et *Journal asiatique*, 4e série, t. VI, 1845, p. 472; Ibn Batoutah, *Voyages*, trad. Defrémery et Sanguinetti, t. I, p. 83-84; relations avec les Tartares du Qyptchaq, Maqrîzi, *Hist. des Mamlouks*, trad. Quatremère, t. I, 1re partie, p. 216 et suiv., et *Journal asiatique*, 3e série, t. IX, 1840, p. 345.

Une des femmes du sultan, la princesse Tûlbiyah, était la fille du prince mongol Ezbek : Maqrîzi, *op. cit.*, t. II, p. 66; Mehren, *Câhirah og Kérâfat*, t. I, p. 66, Copenhague, 1870 (texte en français dans le *Bulletin de l'Académie de Saint-Pétersbourg*, 1871, t. XV, n° 5, *Tableau général des monuments religieux du Caire*, p. 555); Kay, *Arabic inscript. in Egypt*, dans *J. R. As. Soc.*, 1896, part II, p. 141 et suiv.

L'émir Aslam Bahâ' ad-din était également mongol (Maqrîzi, *op. cit.*, t. II, p. 309; Weil, *Geschichte des Abbasiden Chalifates in Egypten*, Stuttgart, 1862, t. I, p. 209-210). A cette époque de nombreux Tartares étaient fixés au Caire (Maqrîzi, *op. cit.*, t. II, p. 221, 314. Voir aussi E. W. Lane, *An account of the manners and customs of the modern Egyptians*, London, 1871, 5e éd., t. II, p. 346; Stanley Lane-Poole, *The art of Saracens in Egypt*, London, 1886, p. 235; Gayet, *op. cit.*, p. 127; Kay, *Arabic inscript. in Egypt*, dans *J. R. As. Soc.*, 1896, part II, p. 142; Saladin, *op. cit.*, p. 123; Stanley Lane-Poole, *The story of Cairo*, London, 1902, p. 223).

[2] Maqrîzi, *El-Khitat*, éd. Boulaq, t. II, p. 307; E. W. Lane, *An account of the manners and customs of the modern Egyptians*, London, 1871, 5e éd., p. 346, note 2; Stanley Lane-Poole, *The art of Saracens in Egypt*, p. 236, Londres, 1886; Max van Berchem, *Corpus*, p. 177; Comité, fasc. xxvii, 1910, p. 150.

[3] Blochet, *Les inscriptions de Samarcande*, *Revue archéol.*, 1897, I, p. 69 et p. 212; *Les mosquées*

(inscription en caractères naskhi sur faïence, située au-dessus du fronton de la façade principale du monument).

A Konia, la mosquée Alâ-ed-dîn fut bâtie en 616 H. (1219-1220) - 617 H. (1220-1221) par un architecte de Damas, ainsi que le mentionne l'inscription située sur la façade principale de l'édifice :

عمل محمد بن خولان الدمشقي

Œuvre de Mohammad ben Khaulân el-Dimachqi (de Damas)[1].

Quant à la question concernant le lieu et le mode de fabrication de la mosaïque de faïence, nous nous trouvons, devant le manque de renseignements précis, en présence de plusieurs hypothèses. Il se peut que les architectes aient fait appel, pour l'exécution de ces travaux, à des ouvriers étrangers comme eux. Les difficultés que présentait, pour la pose des plaques de faïence, l'ossature tourmentée des minarets de la mosquée An-Nâçer Mohammad (nombreuses surfaces courbes, corniches, stalactites, merlons et corniches du turbé de la princesse Toghaï), le découpage et l'assemblage des morceaux de faïence formant les lettres des inscriptions, etc., nécessitaient des mesures exactes prises sur le monument. Ainsi, la fabrication des plaques, la préparation et la pose des mosaïques de faïence devaient être exécutées sur place et au cours de la construction des monuments. Tout nous porte à supposer que ce travail fut fait par des artisans étrangers à l'Égypte; nous possédons à ce sujet quelques indications.

La décoration en mosaïque de faïence du Syrtchaly médréssé, à Konia (640 H. = 1242-1243), est signée par un artisan de Tous (ville du nord-est de la Perse, près de la frontière du Turkestan, non loin de Merv). Inscription dans un médaillon de faïence; sous la voussure gauche de l'arc de l'iwân :

عمل محمد بن محمد بن عثمان البنا الطوسي

Œuvre de Mohammad, fils de Mohammad fils d'Osman, l'architecte de Tous[2].

de Samarcande, fasc. 1, Gour-Émir, Saint-Pétersbourg, 1905, p. v, et pl. I et II sur lesquelles l'inscription est parfaitement visible; Sarre, *Denkmäler persischer Baukunst*, Textband, p. 149, Berlin, 1910.

(1) Cl. Huart, *Épigraphie arabe d'Asie Mineure*, *Revue sémitique*, t. III, 1895, p. 45, n° 24; G. Mendel, *Revue de l'Art ancien et moderne*, XII, t. XXIII, 1908, p. 16; *Inschriften aus Syrien, Mesopotamien und Kleinasien. Gesammelt im Jahre 1899 von M. F. von Oppenheim*, I, *Arabische Inschriften bearbeitet von Max van Berchem. Beiträge zur Assyriologie und semitischen sprach Wissenschaft*, VII, 1, p. 133, Leipzig, 1909; Sarre, *Denkmäler persischer Baukunst*, Textband, p. 122, Berlin, 1910.

(2) Sarre, *Reise in Kleinasien*, p. 54, Berlin, 1906; *Denkmäler persischer Baukunst*, Textband, p. 127 et pl. XCIV, Berlin, 1910; Migeon, *Manuel d'art musulman*, II, *Les arts plastiques et industriels*, p. 293, Paris, 1907; G. Mendel, *op. cit.*, p. 22.

A Ak-Chéhir, le turbé de Sayyidi Mouhyi'ddîn (621 H. = 1224), reconstruit en 812 H. (1409-1410) par Saïd Mahmûd Khéirani, sous le nom duquel il est connu, a sa coupole octogone décorée de briques émaillées. Sur l'une d'elles, encastrée au premier étage du turbé à gauche de la porte d'entrée, est inscrit le nom de l'ouvrier :

[أ]عمل احمد بن عبد الله الموصلى

Travail d'Ahmed ben Abd-Allah, de Mauçil (Mossoul)[1].

D'autre part, et c'est une des solutions les plus vraisemblables de la question, ne faudrait-il pas admettre l'existence au Caire, à cette époque, d'ateliers de céramistes indigènes capables de produire et d'assembler une décoration en mosaïque de faïence? Mais rien ne vient confirmer cette hypothèse, car, au cours de recherches faites dans les monticules du Vieux-Caire, il n'a jamais été découvert de débris ou de morceaux de rebut d'une fabrication analogue[2]. De plus, les inscriptions relevées sur les fragments de poterie émaillés trouvés à Fostat mentionnent pour la plupart des noms d'artistes étrangers à l'Égypte[3].

(1) Cl. Huart, *op. cit.*, p. 32, n° 7; G. Mendel, *op. cit.*, p. 22.

(2) Dr Fouquet, *Contribution à l'étude de la céramique orientale*, *Mémoires de l'Institut égyptien*, t. IV, 1, Le Caire, 1900, p. 44, note 1 et p. 117-118. Les fragments de carreaux de faïence trouvés dans les décombres situés près de Bab-al-Wazir sont des plaques détachées des minarets de la mosquée Mohammad ibn Qalâoûn rejetées avec d'autres débris.

(3) Dr Fouquet, *op. cit.* Céramistes portant le nom de : غيبي الشامي «Ghaïby al-Châmy» (le Syrien), p. 50, pl. I, fig. 18 *b;* عمل الشامي «fait par al-Châmy» (le Syrien), p. 53, pl. II, fig. 62; ..... عمل ابن [السيواز(?)] الشامي «fait par le fils d'el-Siouaz le Syrien», p. 55, pl. II, fig. 74; عجمي «Agami» (le Persan), p. 61, pl. I, fig. 36; عمل التوريزي «fait par Al-Taurizi» (de Tauris), p. 64, fig. 74 A, etc.

CHAPITRE II.

LES CARREAUX DE FAÏENCE.

(FABRICATION LOCALE.)

(DE 901 H. [1495-1496] À 951 H. [1544-1545].)

§ 1. — FONTAINE DU SULTAN QÂYT-BÂY.

Au-dessus de l'arc de décharge de la porte du sabîl de Qâyt-Bây, élevé en 901 H. (1495-1496)[1], se trouvait un tympan triangulaire, au sommet arrondi, orné de plaques de faïence (pl. IV, 1)[2]. La partie centrale du tympan contient l'inscription suivante inscrite dans un cercle divisé en trois segments par deux lignes horizontales :

Dans le compartiment supérieur :

ابو النصر قايتباى

Abu n-nasr Qâyt-Bây.

Dans celui du milieu (caractères très longs et grêles) :

عزّ لمولانا السلطان الملك الأشرف

Gloire à notre seigneur le sultan, le roi Al-Achraf.

Et dans le compartiment inférieur :

عزّ نصره

Que sa victoire soit exaltée !

Les lettres de l'inscription sont en teinte bleue sur fond blanc. Les autres plaques de faïence suivent la forme du tympan et sont disposées de chaque côté de la plaque centrale contenant l'inscription. Elles sont ornées de rinceaux, avec feuilles et boutons, s'enroulant successivement pour se terminer en pointe aux deux extrémités du tympan triangulaire; à l'intérieur de chaque rinceau se trouve une fleur stylisée. Cette décoration florale est également en bleu sur fond blanc[3].

[1] Comité, fasc. XIX, 1902, p. 80. Ce monument se trouve près de la porte du Karafa de l'Imam Chafy, atfet al-Bayara, n° 2, charah Al-Sayeda Echah.

[2] Ces carreaux de faïence ont été enlevés et déposés au Musée arabe du Caire (Comité, fasc. XIX, 1902, p. 80; HERZ BEY, *Catalogue*, p. 237, n° 3).

[3] HERZ BEY, *Catalogue*, p. 238, n° 3 et fig. 41.

§ 2. — MADRASAH DU SULTAN DJÂN-PÛLAD.

La madrasah du sultan Djân-pûlad, élevée en 905 H. (1500-1501), fut détruite en 1215 H. (1800-1801)[1]. Le Musée arabe du Caire[2] possède de ce monument la décoration céramique d'un tympan identique, comme ornements et inscriptions, à celui du sabîl de Qâyt-Bây. L'inscription du compartiment supérieur est par contre au nom du sultan Abu n-nasr Djân-pûlad.

§ 3. — MAUSOLÉE DE L'ÉMIR SAÏF AD-DÎN AZRUMUK.

Le mausolée de l'émir Saïf ad-dîn Azrumuk, émir du sultan Qânsûh Al-Gûri, a été construit de 909 à 910 H. (1503-1504—1504-1505)[3]. La coupole bâtie sur le type habituel est engravée, sur toute sa surface, de grands fleurons; ils contiennent au centre un gros cabochon en forme d'ove recouvert d'un émail bleu turquoise[4]. En outre, sur le sommet et à la base de la coupole une rangée d'étoiles en faïence de même couleur est disposée entre les fleurons[5].

§ 4. — MAUSOLÉE DU SULTAN QÂNSÛH AL-GÛRI.

Le mausolée du sultan Qânsûh Al-Gûri fut un des monuments du Caire le plus important par sa décoration céramique. La coupole extérieure du tombeau, le minaret[6] d'une madrasah appartenant au même ensemble étaient recouverts de faïences bleues. De plus, « une inscription formant ceinture et enfin de petites

(1) El-Djabarti, *Merveilles biographiques et historiques*, traduction, Le Caire, t. VI, 1891, p. 302; Max van Berchem, *Corpus*, p. 564, note 3.

(2) Herz bey, *Catalogue*, p. 238, n° 4.

(3) Max van Berchem, *Corpus*, p. 565 et p. 583. Le mausolée de l'émir Azrumuk se trouve dans le désert, à l'est du Caire. Les inscriptions de ce tombeau ont été revues en 1914 par M. van Berchem.

(4) Max van Berchem, *Corpus*, p. 565; Bourgoin, *Précis de l'art arabe*, *Mém. de la Mission archéol. franç. du Caire*, t. VII, 1re partie, p. 16 et pl. LXXXIX; Prisse d'Avennes, *L'Art arabe*, Paris, 1877; *Atlas*, t. I, pl. XLI, fig. 5.

(5) La base de la coupole du mausolée de l'émir Barsbây (860 H. = 1456), édifice situé au désert, à l'est du Caire, dans un enclos à l'ouest du mausolée du sultan Barsbây, est décorée, au-dessus d'un bandeau portant une inscription, par une rangée circulaire d'oves en faïence bleue, semblables à celles du mausolée d'Azrumuk (Prisse d'Avennes, *op. cit.*, t. I, pl. XXVIII).

(6) A. de Couffon de Kerdellech, *Les mosquées du Caire*, dans *Revue contemporaine*, Paris, 1863, 2e série, t. XXXV, p. 594. A cette époque la partie supérieure du minaret conservait « encore un grand nombre » de plaques de faïence bleue.

imitations de fenêtres bleues et blanches scellées entre les fenêtres du dôme[1] » étaient constituées par un revêtement de carreaux de faïence.

Ibn Iyâs mentionne les faïences bleues de la coupole : « En rabi' II 909 H. (1503-1504) fut achevée la construction du mausolée bâti par le sultan vis-à-vis de sa madrasah. Il avait fait voûter, au-dessus du tombeau, une grande coupole recouverte de faïences émaillées (*qâchâni*) en bleu[2]. »

La coupole fut détruite en 1860[3], les faïences bleues disparurent aussi[4]. Seules quelques-unes des plaques de faïence qui décoraient la ceinture du dôme sont aujourd'hui conservées au Musée arabe du Caire[5].

Ce sont de hautes plaques de faïence, disposées sur deux assises. Les lettres de l'inscription, en très grands caractères naskhi mamlouk, sont de couleur blanche, bordées d'un mince filet noir, sur un fond bleu. L'inscription était coranique. Des rinceaux détachés en blanc sont entremêlés avec les lettres (pl. IV, 2)[6].

§ 5. — MOSQUÉE DE SÎDI SÂRIAH

RESTAURÉE PAR SULAYMÂN PACHA EN 935 H. (1528-1529).

L'ancienne mosquée de Sâriah, reconstruite par Sulaymân pacha[7] (935 H. = 1528-1529) dans le style égyptien-ottoman, présente un ensemble fort intéressant de la transformation de l'architecture arabe par la conquête turque : « une cour bordée de portiques à petites coupoles, un sanctuaire couvert d'une coupole à pendentifs, du type de Sainte-Sophie, et un minaret du même style.

[1] Prisse d'Avennes, *L'Art arabe*, texte, p. 123, Paris, 1877.

[2] Ibn Iyâs, *Ta'rîkh Misr*, Paris, 1824, ms. f° 143 v°; voir Max van Berchem, *Corpus*, p. 578, note 2.

[3] Prisse d'Avennes, *op. cit.*, texte, p. 123.

[4] Le minaret de la madrasah ne possède actuellement plus de faïences.

[5] Salle XI, n°s 7-12 (*Catalogue*, p. 228 et suiv. et p. 238, 239, fig. 42).

[6] Musée arabe. — Un grand panneau en carreaux de faïence avec inscription au nom du sultan Al-Gûri (*Catalogue*, p. 239, n° 13), en caractères blancs ornés d'un filet vert sur fond bleu, appartient à la même époque de fabrication. Une bordure de rinceaux en blanc sur fond vert entoure ce panneau, malheureusement incomplet de plusieurs plaques de faïence. Chaque ligne de l'inscription est séparée par un trait en blanc bordé d'un filet vert. Également de même époque et semblable fabrication, les grandes plaques de faïence à inscriptions en grands caractères blancs sur fond bleu conservées au Musée arabe (*Catalogue*, p. 238, n° 6), mais de provenance inconnue.

[7] Casanova, *Hist. et descript. de la Citadelle du Caire*, *Mémoires Mission archéol. française du Caire*, t. VI, p. 559 et suiv.; p. 713 et 714; Marcel, *Hist. de l'Égypte*, p. 197; Hammer, *Hist. de l'Empire ottoman*, trad. Hellert, t. V, p. 299; Alî pacha Mubârak, *Khitat djadîdah*, éd. Boulaq, t. V, p. 14; Prisse d'Avennes, *op. cit.*, texte, p. 126.

La décoration est égyptienne, comme dans la plupart des édifices ottomans du Caire, jusqu'à la décadence complète de l'art arabe[1]. »

La décoration céramique dans la mosquée Sulaymân pacha se rencontre : 1° sur la pointe de la partie supérieure du minaret qui était revêtue de plaques de faïence bleu foncé, — de forme carrée[2]; — quelques carreaux sont encore en place; 2° les toitures d'une salle de prière, située en face de la fontaine des ablutions, surmontées de deux coupoles furent également couvertes de plaques de faïence verte. La majeure partie de ces carreaux se sont détachés et sont amassés à la base des dômes; quant à ceux des toitures, il n'en demeure que quelques fragments. De dimensions plus grandes que les plaques du minaret, les carreaux de faïence recouvrant ces bâtiments sont formés d'une pâte siliceuse jaunâtre recouverte par une couche très épaisse d'émail[3].

§ 6. — TOMBEAU DU CHAIKH SÉ'OUD.

Le tombeau du chaikh Sé'oud, petit édifice non daté, surmonté d'une coupole, est décoré extérieurement de plaques de faïence verte semblables à celles des coupoles du sanctuaire de la mosquée de Sulaymân pacha à la Citadelle. Elles entourent d'une large ceinture, haute de 1 m. 50 cent. environ, la base du dôme du mausolée. Chaque carreau de faïence est maintenu par un clou à large tête fixé au milieu de la plaque. Un épais enduit de couleur rougeâtre recouvre la plus grande partie de ces faïences[4].

§ 7. — MAUSOLÉE DE L'ÉMIR SULAYMÂN.

Le tambour de la coupole du mausolée de l'émir Sulaymân (951 H. = 1544-1545)[5] est entouré d'un large bandeau en carreaux de faïence contenant une

[1] MAX VAN BERCHEM, *Corpus*, p. 602 et 603. La mosquée Sulaymân pacha se trouve dans l'enceinte supérieure de la Citadelle.

[2] La pointe du minaret de la mosquée du chaikh Châhîn Al-Khalwati, 945 H. = 1538 (voir MAX VAN BERCHEM, *Corpus*, p. 604; ce monument est situé sur le flanc du Muqattam, au sud-est du Caire), est également revêtue de grandes plaques carrées de faïence vert turquoise; ces carreaux, en terre jaunâtre siliceuse et épaisse couverte d'émail, sont maintenus par un clou fixé au centre de chacune des plaques. L'avant-dernière rangée de carreaux est de couleur bleu foncé identique à celle de la mosquée Sulaymân pacha.

[3] HERZ BEY, *Catalogue*, p. 241, n° 33 et 33 *a*.

[4] Comité, fasc. XXVIII, 1911, p. 107. Ce monument se trouve dans la rue Sûq as-Silâh.

[5] MEHREN, *Câhirah og Kérâfat*, t. I, p. 59, Copenhague, 1869, et dans *Tableau général des monuments religieux du Caire, Bull. Acad. de Saint-Pétersbourg*, t. XV, 1871, n° 5, p. 538.

Le mausolée de l'émir Sulaymân se trouve dans le désert, à l'est du Caire, dans l'enclos du tombeau de l'émir Barsbây.

longue inscription coranique. Les lettres, en très grands caractères naskhi mamlouk, blanches sur un fond bleu, occupent une double assise de plaques de faïence. Entre les hampes des lettres est une maigre décoration florale; la couleur bleue, sur plusieurs des plaques, a envahi les parties réservées aux lettres de l'inscription, dont le tracé manque de fermeté et d'exactitude. Une moitié de l'inscription subsiste actuellement (pl. V). Un tympan triangulaire, au sommet arrondi, recouvert de carreaux de faïence, orne le dessus de la porte et chacune des fenêtres du mausolée; ils sont constitués par trois plaques de faïence; dans celle du milieu une ou deux lignes d'inscription coranique et dans les deux autres une ornementation de rinceaux. Les lettres des inscriptions et les décorations sont en bleu sur un fond blanc[1].

§ 8. — TOMBEAU ET ZÂWIYAH DE SIDI ALI NEGM.

Le petit édifice de Sidi Ali Negm, construit dans le courant du XVIe siècle[2], est revêtu, à l'intérieur de la niche du mihrâb et sur les murs de la qiblah, de carreaux de faïence. Les plaques des parois de la qiblah (une rangée de cinq à six pièces à gauche et à droite du mihrâb), de forme hexagonale, sont semblables, comme technique de fabrication, de couleurs et de dessins, aux faïences des tympans de Qâyt-Bây[3]. Sur un fond blanc, une décoration florale et de rinceaux en bleu, aux traits vigoureux et gras, se détache sous une épaisse couche vitreuse stannifère[4]. Quelques-unes de ces plaques sont à fond bleu-verdâtre, avec la même décoration, mais en traits noirs (pl. VI, 1, plaques de faïence à droite du mihrâb). La niche du mihrâb porte un revêtement de plaques de faïence rectangulaires blanches, à décor en dents de scie, aux pointes opposées bleues et noires; séparées par un intervalle en blanc, les dents, surmontées d'un fleuron alternativement noir ou bleu, rentrent les unes dans les autres. Une plaque de grandes dimensions, semblable comme fabrication aux carreaux hexagonaux, située au-dessus du mihrâb, comprend, dans le milieu, un motif floral en bleu sur fond blanc, entouré par une bordure de rinceaux.

(1) FRANZ PACHA, *Die Baukunst des Islam*, p. 41, fig. 31 (*Handbuch der Architektur*, 3. Band, zweite Hälfte, Darmstadt, 1887); BÉCHARD et PALMIERI, *L'Égypte et la Nubie*, grand album monumental, historique et architectural, 1 vol. in-f°, Paris, 1897, pl. XI; SALADIN, *op. cit.*, p. 159, fig. 108.

(2) Les inscriptions du dôme, de la façade et celles du mur de la qiblah, ne portent pas de date. Cf. Comité, fasc. XXIX, 1912, p. 74. Ce monument se trouve dans la rue El-Kerabieh, n° 15, au sud de la mosquée Al-Muayyad.

(3) Voir p. 11, § 1.

(4) Le Musée arabe possède un panneau de ces mêmes carreaux hexagonaux, salle XII, vitrine A, n° 37 (*Catalogue*, p. 253).

De 749 H. (1348), date de la construction du mausolée de la princesse Toghaï, à 901 H. (1495-1496) tympan en faïence du sabîl du sultan Qâyt-Bây, dans cet intervalle d'à peu près un siècle et demi, nous n'avons pas connaissance de monument, en Égypte, ayant reçu une décoration céramique[1]. Ce n'est qu'en 901 H. et durant à peine un demi-siècle que quelques monuments du Caire seront ornés de carreaux de faïence. La mosaïque de faïence est abandonnée; on emploiera désormais les plaques de faïence proprement dite contenant soit une décoration florale, soit des inscriptions qui seront réparties sur plusieurs carreaux de faïence. Nous trouverons dans les revêtements céramiques de cette période les premières productions des fabriques locales[2].

Les tympans en plaques de faïence qui décoraient le sabîl de Qâyt-Bây et la madrasah du sultan Djan-pûlad, les carreaux du tombeau de Sidi Ali Negm, peuvent être attribués à une industrie locale. Ce sont, avec un autre disque, de même travail, au nom du sultan Qâyt-Bây[3], et les tympans de faïence du mausolée de l'émir Sulaymân, les seules pièces de cette fabrication que nous possédons au Caire. Syriens d'origine[4], les décors de ces faïences avec ornements et inscriptions bleues sur fond blanc se retrouvent sur de nombreux fragments de poteries trouvés dans les collines de décombres du Caire[5]. Les oves et les étoiles en terre cuite recouverte d'une couche de faïence bleu turquoise placées sur le dôme des mausolées de l'émir Azrumuk et de l'émir Bars-Bây sont également de production indigène. Quant à la décoration céramique du mausolée de Qânsûh Al-Gûri, dont il ne reste que des débris conservés au Musée arabe du Caire, elle peut être considérée comme l'œuvre d'ouvriers persans (ou syriens?) installés au Caire ou appelés par le sultan Al-Gûri[6].

[1] Le mausolée où fut enterré l'émir Saad ad-dîn ibn Ghorâb (cf. Maqrîzi, t. II, p. 419, et Comité, fasc. XXVIII, 1911, p. 126) en 808 H. (1406) était décoré, à la base de la coupole du monument, d'une ceinture de carreaux de faïence rectangulaires monochromes de couleur verte. Il n'en demeure en place que quelques plaques. (Cet édifice est situé au sud de la mosquée funéraire de Qâyt-Bây, au désert, dans les nombreux bâtiments en ruine situés derrière ce monument; cf. Comité, fasc. XXVIII, 1911, p. 130, note 1.)

[2] Plusieurs fragments de carreaux de faïence semblables aux plaques provenant du sabîl de Qâyt-Bây et du tombeau de Sidi Ali Negm ont été découverts dans les fouilles exécutées par Ali bey Bahgat au Vieux-Caire, dans les collines de décombres, au courant de la campagne 1913-1914.

[3] Herz bey, *Catalogue*, p. 238, n° 5. Les caractères de l'inscription sont en blanc sur un fond bleu.

[4] Stanley Lane-Poole, *The art of the Saracens in Egypt*, London, 1886, p. 235, 236 et 237.

[5] Dr Fouquet, *Contribution*, *op. cit.*, p. 44, note 1, p. 57 et pl. X, fig. 39, voir p. 106.

[6] Sarre, *Denkmäler persischer Baukunst*, Berlin, 1910. Portail de la mosquée Bleue à Tébriz, pl. XX; la décoration de la mosquée du chaikh Sâfi (XVIe siècle), pl. XXXI-XXXII, etc., où l'on trouve

Qânsûh Al-Gûri avait de nombreux rapports avec la Perse [1], et, à ces époques troublées par les guerres et les invasions des Turcs, nombreux étaient les artisans de l'Iran et de la Syrie se dirigeant vers l'Égypte relativement en paix à l'époque des sultans mamlouks circassiens. Enfin, l'historien Ibn Iyâs [2], qui mentionne les faïences du mausolée, les désigne sous le nom de *qâchâni*. Qâchan, ville du nord de la Perse, était renommée par ses fabriques de carreaux de faïence [3].

En 935 H. (1528-1529), comme spécimens de fabrication indigène nous avons les carreaux de faïence monochrome bleue du minaret et ceux verts des coupoles du petit sanctuaire de la mosquée Sulaymân pacha. Appartiennent aussi à cette époque les plaques vertes de la coupole du chaikh Séʿoud et de la mosquée Châhîn Al-Khalwati.

Le mausolée de l'émir Sulaymân date de 951 H.; il fut élevé une trentaine d'années après la conquête de l'Égypte par les Turcs. Les carreaux de faïence avec inscriptions de ce monument ont été sans doute copiées sur les plaques qui ornaient la ceinture du dôme du mausolée d'Al-Gûri; mais le travail est des plus médiocres, les couleurs bleues formant le fond ont coulé sur les lettres blanches; les plaques sont mal raccordées. C'est, croyons-nous, le dernier effort des ouvriers indigènes ou syriens installés au Caire, qui avaient décoré un demi-siècle plus tôt les monuments de Qâyt-Bây, de Djan-pûlad et de Sidi Ali Negm.

cette même application de plaques de faïence. Voir p. 39 et pl. X, 1, le carreau de faïence (Musée arabe, salle XI, nº 14, *Catalogue*, p. 240) portant l'inscription suivante : «Fait par Issa ibn Taourisi» (de Tauris).

[1] Cf. Huart, *Histoire des Arabes*, Paris, 1913, t. II, p. 70.

[2] Voir plus haut, p. 13.

[3] Barbier de Meynard, *Dictionnaire géographique, historique et littéraire de la Perse*, extrait de Yaqût, Paris, 1861, p. 434.

CHAPITRE III.

LES CARREAUX DE FAÏENCE.

(DE 951 H. [1544-1545] À LA FIN DU XVIIIe SIÈCLE.)

I. — CARREAUX DE FAÏENCE IMPORTÉS D'ASIE MINEURE ET DE SYRIE.

§ 1. — MOSQUÉE DE L'ÉMIR AQSUNQUR OU MOSQUÉE D'IBRAHÎM AGÂ.

Construite en 748 H. (1347-1348) par l'émir Aqsunqur, cette mosquée a été restaurée en 1062 H. (1652) par Ibrahîm Agâ[1]. Le mur est de l'iwân principal (pl. VI, 2) et ceux du tombeau d'Ibrahîm Agâ (pl. VII, 1) sont recouverts de carreaux de faïence; ce revêtement céramique est attribué au restaurateur Ibrahîm Agâ. Une des plus importantes dans les monuments musulmans de l'Égypte, la décoration céramique de ce monument montre, dans la disposition générale des faïences, l'ignorance et l'incapacité qu'on avait à cette époque de l'ordonnancement des grands panneaux décoratifs (les bordures sont pour la plupart placées verticalement et les panneaux disposés sans ordre de symétrie).

Dans un remplissage de carreaux de faïence à dessins uniformes, nous trouvons, de chaque côté du mihrâb et dans la salle du tombeau, de grands panneaux aux types communs du vase d'où s'élance une gerbe florale.

Mur de l'iwân à droite du mihrâb. — La moitié environ est occupée par un revêtement uniforme de carreaux de faïence, avec ornements floraux bleus et verts d'un type très commun que nous retrouvons à la mosquée de Yeni-Validé et de Rustem pacha à Constantinople. Ces plaques forment la majorité, dont la note dominante est le bleu, des carreaux de faïence de la mosquée[2]. L'autre partie est décorée par un grand panneau représentant le type fréquent dans la céramique orientale du vase d'où jaillissent des gerbes de feuillages et de fleurs stylisées; à droite et à gauche du vase, posé lui-même dans une large coupe,

[1] Max van Berchem, *Corpus*, p. 200 et p. 203.

[2] Prisse d'Avennes, *L'Art arabe*, Paris, 1877; *Atlas*, t. II, pl. CXIX et CXX; *La décoration arabe*, pl. 19, 20 et 22; Herz bey, *Catalogue du Musée arabe*, 1906, p. 242, salle XI, n° 35.

deux tiges florales montent jusqu'au sommet du panneau et de leur épanouissement entourent une lampe vers laquelle converge toute la décoration — de teinte bleue et verte — de ce panneau. La panse de la lampe porte l'inscription suivante : يا الله ومحمد. Deux grands cyprès verts, entourés de rinceaux, se dressent de chaque côté du panneau. Enfin ce pseudo-mihrâb est encadré de plaques de faïence représentant une coupe avec pied, de laquelle s'échappe, disposée en éventail, toute une floraison de fleurs stylisées (pl. VI, 2)[1]. Les dessins sont en bleu foncé dans un fond bleu très clair[2]. Le reste de la décoration du mur jusqu'à la chaire comprend des carreaux de remplissage au type ordinaire et quelques petits panneaux contenant des carreaux de faïence au modèle de la coupe, mais à fond blanc bien distinct, et orné sur les deux côtés par la moitié longitudinale d'un cyprès, se complétant par l'adjonction d'une autre plaque de faïence. Nous retrouvons également ces mêmes plaques de faïence à la mosquée de Yeni-Djâmi[3] et dans quelques bâtiments du Palais de Top-Capou à Constantinople. Trois panneaux longs et étroits, l'un[4] encastré près du mihrâb et les deux autres disposés de chaque côté d'une fenêtre ronde placée au-dessus du mihrâb reproduisent le type du vase avec gerbe florale se développant dans une riche décoration de feuillages et de fleurs. Ces mêmes motifs se retrouvent dans la mosquée de Yeni-Djâmi.

Mur de l'îwân à gauche du mihrâb. — Nous retrouvons la même composition que précédemment avec les mêmes carreaux de remplissage; près du mihrâb une grande composition[5] à peu près semblable dans sa décoration au pseudo-mihrâb de droite; quelques panneaux renfermant des carreaux à la coupe ornée de fleurs (les tiges des fleurs sont de couleur verte et la forme de la coupe change) et un autre panneau décoré par un cyprès entouré de rinceaux[6].

La face extérieure des quatre piliers soutenant l'îwân principal est décorée par un panneau composé de quatre plaques de faïence au type de la coupe. Une bordure avec décoration de fleurons[7] bleu sur blanc entoure le revêtement

(1) Musée arabe du Caire, salle XI, n° 70 (Herz bey, *Catalogue*, p. 245).

(2) Prisse d'Avennes, *L'Art arabe*, texte, p. 197.

(3) Gurlitt (C.), *Die Baukunst Konstantinopels*, Berlin, 1907, vol. I, pl. 32 *c* et 32 *d*. Les carreaux de faïence sont placés au pied des murailles et des colonnes.

(4) Prisse d'Avennes, *L'Art arabe*, Paris, 1877; *Atlas*, t. II, pl. CXXII; *La décoration arabe*, Paris, 1880, pl. 28.

(5) Prisse d'Avennes, *L'Art arabe*, *Atlas*, t. II, pl. CXXI, et texte, p. 197.

(6) Prisse d'Avennes, *L'Art arabe*, texte, p. 197.

(7) Musée arabe, salle XI, n°s 95 et 101 (Herz bey, *Catalogue*, p. 245).

des carreaux de faïence des murs de l'îwân; de plus, chaque panneau décoratif est encadré par une bordure à décors de fleurs stylisées également bleu sur blanc[1].

Salle du tombeau d'Ibrahîm Agâ. — Les parois d'un petit vestibule attenant à la salle de la tombe d'Ibrahîm Agâ sont décorées par un lambris de marqueterie de marbre et, jusqu'à la moitié environ de la hauteur des murs, par des carreaux de faïence. Ce revêtement est constitué par un mélange des différents types de faïence que nous avons déjà étudiés sur les murs de l'îwân de la mosquée. C'est sur les murailles de la salle renfermant la tombe du restaurateur de l'édifice que se trouve une série de fort beaux panneaux de carreaux de faïence[2]. Un lambris en marqueterie de marbre décore également, sur une hauteur de plus de deux mètres, les parois des murs et le mihrâb de la chambre.

Mur situé en face du mihrâb. — Carreaux de faïence du type ordinaire; au centre, un panneau carré formé de faïence d'un modèle différent[3]; dans l'angle supérieur gauche de la muraille, deux panneaux étroits et longs semblables à ceux situés au-dessus du mihrâb de la mosquée. Une bordure à fleurons encadre le tout.

Mur du fond de la salle. — Moitié de la hauteur du mur contenant des carreaux au type ordinaire du remplissage; l'autre moitié supérieure est décorée par quatre grands et étroits panneaux avec motifs du vase à large rebord d'où s'échappe une abondante végétation stylisée. Nous retrouvons ces mêmes types à la mosquée de Yeni-Djâmi. Même bordure que précédemment.

Mur du mihrâb. — Il contient dix grands panneaux disposés sur deux rangs et entourés par des carreaux au type de la coupe.

Le motif de décoration de ces grandes compositions est toujours constitué par un vase offrant toute une série de formes allant de la coupe très évasée à pied haut ou très court au vase avec panse très large et au col élancé; une luxuriante végétation stylisée s'en élance dans un fouillis harmonieux de fleurs et de feuillages. Deux de ces panneaux contiennent un cyprès aux branches vertes et au tronc bleu foncé; au pied du cyprès, dans deux vases, l'un à gauche et l'autre à droite, fleurissent toute une variété de plantes : cyclamens, tulipes, pivoines,

[1] Musée arabe, salle XI, nos 91, 92, 93 et 94 (Herz bey, *Catalogue*, p. 246).
[2] Prisse d'Avennes, *L'Art arabe*, Paris, 1877, texte, p. 130.
[3] Musée arabe, salle XI, nos 68 et 69.

œillets, etc.; de chacun des vases une tige aux nombreux rameaux décorés de fleurs en rosaces monte et entoure le cyprès (pl. VII, 1).

Mur aux vitraux. — Les parois de cette partie de la salle du tombeau coupée par une grande ouverture grillée et par trois fenêtres ornées de vitraux[1], possède aussi un revêtement de faïence dans lequel nous retrouvons tous les différents modèles de carreaux de faïence étudiés précédemment.

La couleur dominante de la décoration céramique de la mosquée d'Ibrahîm Agâ est le bleu clair; cette couleur générale monotone et froide, la facture des dessins dans les panneaux du mur de l'îwân et du tombeau, dont le caractère est pourtant très décoratif, semblent, malgré un léger contraste de couleur verte, sans vigueur dans la teinte trop terne des faïences. Quant à la pâte, les tons de couleurs, les dessins, ces faïences sont exactement semblables à celles de la mosquée Yeni Valide de Constantinople. Il faut aussi noter la rareté des grandes surfaces ornées de faïences en Égypte. Ce n'est qu'à la mosquée d'Ibrahîm Agâ et dans celle As-Sini à Girgâ, décorée des mêmes faïences que celle d'Aqsunqur, que nous trouverons un revêtement d'une aussi grande importance[2].

§ 2. — IWÂN DE MOHAMMAD IBN QALÂOÛN.

L'Iwân de Mohammad ibn Qalâoûn, appelé sous la domination ottomane divân an-Nâçiri, fut détruit en 1263 H. (1846-1847); sur son emplacement s'élève actuellement la mosquée de Mohammad Ali[3]. Le dîwân an-Nâçiri fut recouvert à l'époque turque par un revêtement de plaques de faïence. Un passage de la *Description de l'Égypte*[4] relatif à l'Iwân mentionne le «Dyouân al-Moustahfazân» dont «les murs sont couverts de riches mosaïques d'un effet

[1] Mêmes vitraux que ceux de la mosquée Yéni Validé-Djâmi à Constantinople, dans les appartements réservés aux sultans.

[2] Bibliographie : Prisse d'Avennes, *L'Art arabe*, Paris, 1877, texte, p. 130, p. 197 et p. 275; *Atlas*, t. II, in-f°, pl. CXIX à CXXII; Idem, *La décoration arabe*, Paris, 1880, pl. 19, 20, 22 et 28; Ali pacha Mubârak, *Khitat*, IV, p. 45, l. 4; Comité, fasc. II, 1884, p. 9; fasc. XXIV, 1907, p. 82; Stanley Lane-Poole, *The art of the Saracens in Egypt*, London, 1886, p. 236-238, qui donne une origine locale aux faïences d'Ibrahîm Agâ; Idem, *Cairo sketches of its History, Monuments and social life*, London, 1893, p. 58; *The Story of Cairo*, London, 1902, p. 298; Herz bey, *Catalogue du Musée arabe du Caire*, 1906, p. 231, 232 et 244; Gaston Migeon, *Manuel d'Art musulman*, II, *Les arts plastiques et industriels*, Paris, 1907, p. 305-306.

[3] Casanova, *Histoire et description de la Citadelle du Caire*, dans *Mémoires de la Mission archéologique française du Caire*, 1897, t. VI, p. 629, 635 et 743.

[4] *Description de l'Égypte*, Expédition de l'Armée française, 1798, t. XVIII, 2e partie, p. 360, éd. Panckoucke, Paris, 1829.

agréable, formées de carreaux en émail blanc, colorées d'ornements en bleu, en vert et d'autres couleurs. La plupart des sujets représentés sur des émaux sont emblématiques et ont trait à des passages du Qorân; les inscriptions ont une grande netteté. Ces pièces remarquables ont 12 pouces sur 9 : on les exécute en Caramanie, à Kiutayah. Le divân des «Azab» est situé près de la porte de ce nom; les mosaïques sont aussi formées d'émaux blancs artistement ajustés, ornées de fleurs et de dessins en bleu et en vert. On y voit des minarets à longues flèches, selon l'ancien usage; l'effet en est charmant, et, à quelque distance, on croit voir des fresques. Les carreaux sont appliqués très solidement sur un enduit de gypse de deux pouces d'épaisseur.»

Sur un de ces carreaux de faïence, reproduit dans l'ouvrage de Marcel et dans Prisse d'Avennes, est représentée une vue de la Kaabah de la Mecque[1]. Ce sont les seuls indices que nous possédons de la décoration céramique de l'ancien dîwân. Il est possible que ces faïences furent posées par l'émir Ibrahîm, le même personnage qui restaura la mosquée d'Aqsunqur. De 1062 H. (1651-1652) à 1070 H. (1659-1660) l'émir Ibrahîm fut agâ des janissaires (Ketkhoda mustahfizân)[2].

§ 3. — MOSQUÉE ATAR AN-NABÎ.

La mosquée Atar An-Nabî, ancien roubât (couvent) élevé par l'émir Tâg addîn[3] entre les années 640 et 707 H. (1242-1307), fut reconstruite en 1071 H. (1660-1661) par Ibrahîm pacha, gouverneur d'Égypte[4].

C'est probablement à cette date qu'il faut attribuer le revêtement en carreaux de faïence[5] des murs de la chambre d'un tombeau à coupole placée dans la grande salle de la mosquée.

Dans l'ordre chronologique cet édifice est la seconde mosquée du Caire, après celle d'Ibrahîm Agâ, qui reçut une décoration céramique, et d'autre part les plaques de faïence de la mosquée An-Nabî sont les mêmes que les carreaux de remplissage de la mosquée Aqsunqur. Le revêtement est bien conservé (il commence au-dessus de la porte du tombeau jusqu'à la naissance de la voûte)

[1] E. Marcel, *Description de l'Égypte*, vol. II, *État moderne*, planche GG, fig. 13 et 14. Voir aussi Prisse d'Avennes, *L'Art arabe*, texte, p. 193 et fig. 46, qui reproduit la même plaque de faïence que la figure 13 de la planche GG.

[2] Max van Berchem, *Corpus*, p. 204, 615 et 619.

[3] Maqrîzi, *Khitat*, éd. Boulaq, t. II, p. 429; Comité, fasc. xvii, 1900, p. 120 et 123.

[4] Alî pacha Mubârak, *Khitat djadîdah*, éd. Boulaq, t. VIII, p. 32, l. 33; Comité, fasc. xvii, 1900, p. 121 et note 1. Cette mosquée est située au sud du Vieux-Caire, sur le Nil.

[5] Alî pacha Mubârak, *loc. cit.*, t. VIII, p. 32, l. 29; Comité, fasc. xvii, 1900, p. 121 et 122.

sur les parois contenant le mihrâb et la porte d'entrée; les deux autres faces portent les mêmes carreaux de faïence, mais le revêtement, sur la partie inférieure des murs, est formé d'un assemblage sans ordre de faïences à dessins variés. La niche du petit mihrâb est également plaquée de faïence.

§ 4. — MOSQUÉE AL-FAKAHÂNI

ANCIENNE MOSQUÉE DU CALIFE ZÂFIR (543 H.)

RESTAURÉE EN 1148 H. (1735-1736) PAR AHMED KHARPUTLI.

Le revêtement céramique des tympans des façades et de la niche du mihrâb de la mosquée Al-Fakahâni, date de la restauration de ce monument par Ahmed Kharputli en 1148 H. (1735-1736)[1].

Le tympan du portail nord de la mosquée, dans la rue Hoch Kadam, celui du sabîl (façade sur la rue Akkadine) et enfin les deux extrémités du tympan du portail principal (la partie centrale est recouverte par des carreaux à fond blanc, au centre grande rosace en bleu d'une fleur épanouie, au milieu de cette rosace un motif floral en vert également sur fond blanc) sont recouverts de carreaux de faïence semblables à ceux d'un bandeau entourant la partie supérieure de la fontaine du sultan Ahmed III, à Constantinople, située près de la porte dite «Bab-i-Humayoun» (1141 H. = 1728-1729)[2].

La niche du mihrâb est revêtue du même genre de carreaux, mais appartenant visiblement à une autre fabrication et aux décors quelque peu modifiés; le fond est blanc grisâtre, les traits doubles se croisent au milieu de la plaque. Les fruits ont disparu, seules quelques tiges de fleurs sont disséminées sur le fond.

Deux écoinçons et l'encadrement d'une fenêtre ronde, au-dessus de la niche du mihrâb, sont ornés de carreaux de faïence à fond blanc, avec fleurs centrales en rouge, bleu et vert, très stylisées, entourées d'une décoration florale de motif fort gracieux[3]. Entre la niche et la fenêtre ronde se trouve une

[1] Al-Djabarti, *Merveilles biographiques et historiques*, traduction, Le Caire, 1889, t. III, p. 89; Max van Berchem, *Notes d'archéologie arabe*, *Journal asiatique*, XVIII, 1891, p. 58; *Corpus*, p. 621. La mosquée Al-Fakahâni est située dans la rue Al-Akkadine, n° 13.

[2] Carreaux à fond blanc, des quatre angles de la plaque se détache un double trait en bleu s'étendant, avec quelques courbes légères, jusqu'au centre du carreau où ils se terminent en pointe; des petites boules en émail rouge, peut-être des fruits, raccordent les plaques l'une à l'autre. Dans les angles formés par les traits, une fine décoration de lignes entrelacées. Quelques parties des murs de la bibliothèque de la mosquée Sainte-Sophie sont également recouvertes de ces mêmes carreaux.

[3] Musée arabe, salle XI, n°s 27 et 72, donnant, sans les couleurs, ce dessin un peu modifié (*Catalogue*, p. 241).

plaque de faïence à fond bleu, avec, en blanc, la formule ما شا الله dans un décor de rinceaux, et au-dessus la date de ١١٤١ (1141 H. = 1728-1729) (pl. VII, 2).

Les carreaux de faïence des tympans, des écoinçons et de l'entourage de la fenêtre, au-dessus du mihrâb, sont, comme ceux de la fontaine Ahmed III, importés d'Asie Mineure. Quant aux plaques de la niche de prière, copies évidentes des autres modèles, elles sont l'œuvre des céramistes moghrabins installés au Caire à cette époque.

§ 5. — MOSQUÉE AL-AZHAR.

Quelques carreaux de faïence provenant de la mosquée Al-Azhar, et conservés actuellement au Musée arabe[(1)], ornaient antérieurement la niche de prière d'un «petit oratoire qui se trouvait dans le sahn, près du rouâk al-Atrâk»[(2)]. Ce sont des plaques de grandes dimensions appartenant aux xve et xvie siècles de l'industrie céramique de l'Anatolie (Isnik et Kutahia), période qui a produit les plus beaux revêtements de carreaux de faïence. Les décors, formés de fleurs stylisées (bleues et vertes, aux teintes nettes, le rouge tomate en fort relief), dans un fond blanc très pur et très brillant, sont dessinés d'une manière remarquable[(3)].

§ 6. — TEKIEH AL-GULCHÂNI.

La façade de la chapelle sépulcrale du fondateur du tekieh Al-Gulchâni[(4)] est décorée sur toute sa surface d'un revêtement hétéroclite de carreaux de faïence[(5)]. Comme le mentionne Prisse d'Avennes, c'est un placage, disposé sans la moindre régularité, renfermant tous les échantillons des carreaux de faïence enlevés vraisemblablement dans les monuments du Caire[(6)]. Faïences d'Anatolie,

(1) Salle XI, n°s 56-58 (*Catalogue*, p. 244).

(2) Comité, fasc. VII, 1890, p. 19; HERZ BEY, *Catalogue*, p. 245.

(3) Avec les deux panneaux du sabîl du sultan Mahmûd (voir p. 32, § 14), ce sont les seuls spécimens de cette époque que nous trouvons dans les monuments du Caire.

(4) Le couvent Al-Gulchâni fut construit de 926 H. (1519-1520) à 931 H. (1525-1526). MEHREN, *Câhirah og Kérâfat*, Copenhague, 1870, t. II, p. 19-20, et dans le *Bulletin de l'Académie de Saint-Pétersbourg*, 1871, t. XV, n° 5, *Tableau général des monuments religieux du Caire*, p. 308. Il est situé dans la rue Taht ar-rab' qui longe la façade sud de la mosquée Al-Mu'ayyad.

(5) MEHREN, *Câhirah og Kérâfat*, t. II, p. 19; ALÎ PACHA MUBÂRAK, *Khitat*, t. VI, p. 54, l. 19; Comité, fasc. XIX, 1902, p. 68 et 86.

(6) PRISSE D'AVENNES, *L'Art arabe*, texte, p. 275, et *Atlas*, t. II, pl. CXXIII à CXXV.

syriennes, faïences de fabrication locale et d'importation étrangère, ce mélange de décors et de couleurs contribue à donner un aspect des plus original à ce petit mausolée (pl. VIII, 1). Le rebord supérieur du toit et l'arc trilobé placé au-dessus de la porte sont décorés d'une frise de faïence du même modèle que les carreaux de remplissage du sabîl d'Abd Ar-Rahmân.

Le revêtement céramique du tekieh Al-Gulchâni fut sans doute appliqué après la construction du bâtiment[1], à l'époque de la conquête turque, et ne s'est terminé que de nos jours[2]. L'intérieur du mausolée ne contient pas de faïence.

La plupart des mosquées du Caire restaurées après la conquête ottomane furent décorées de carreaux de faïence. Les écoinçons et les tympans des portails et des fenêtres, ainsi que la niche du mihrâb, sont les parties qui reçurent généralement un revêtement céramique. Nous nous bornerons à en citer seulement quelques-unes :

La mosquée de l'émir Almâs[3] possède le tympan de son portail décoré de fragments de faïence.

Dans la mosquée Al-Mar'ah[4] les morceaux de faïence recouvrant le tympan du portail, même modèle qu'Ibrahîm Agâ, peuvent être attribués à l'époque de la reconstruction du minaret de style ottoman.

Sur le portail de la mosquée Osmân Katkhodâ[5], le tympan et deux petits panneaux sont recouverts de carreaux de faïence semblables à ceux qui ornent la partie supérieure du mihrâb dans la mosquée Al-Fakahâni. La mosquée Ahmad Ad-Dardir[6] (1221 H. = 1806) a son portail orné d'un tympan revêtu de

[1] Sous le mortier de quelques carreaux de faïences descellées les inscriptions des deux pieds-droits du portail apparaissent.

[2] Mosquée Al-Mu'ayyad. Dans le mur est du sanctuaire de la mosquée Al-Mu'ayyad, à droite du mihrâb, se trouvent deux panneaux composés de fragments de faïence assemblés sans ordre et de même genre que ceux du tekieh Al-Gulchâni. Des médaillons en marbre, encastrés dans ce champ de faïence, portent la date de 1254 H. (1838-1839) et mentionnent que «le seigneur Ibrahim, fils du seigneur Alî, serviteur des pauvres de Gulchâni», a restauré cet édifice. Cf. Mehren, *Câhirah og Kérâfat*, Copenhague, 1870, vol. II, p. 18, et dans le *Bulletin de l'Acad. de Saint-Pétersbourg*, 1871, t. XV, n° 5, *Tableau général des monuments religieux du Caire*, p. 308; Comité, fasc. vii, 1890, p. 73; Max van Berchem, *Corpus*, p. 343.

[3] Construite en 730 H. (1329-1330) et restaurée à l'époque turque. La mosquée Almâs est située dans la rue Helmieh. Alî pacha Mubârak (IV, p. 60, l. 28) fait mention de plaques de faïence autour du mihrâb, aujourd'hui disparues.

[4] Construite en 873 H. (1468-1469). Voir Comité, fasc. vi, 1889, p. 68, et Max van Berchem, *Corpus*, p. 427. La mosquée Al-Mar'ah est située dans la rue Taht ar-rab'.

[5] La mosquée Osmân Katkhodâ fut construite en 1147 H. (1734-1735) dans la rue Abdîn.

[6] La mosquée Ahmad Ad-Dardir est située dans la rue Dardir.

fragments de faïence. Dans la mosquée d'Al-Gaouhari[1], deux écoinçons et le tympan du portail sont recouverts de plaques de faïence semblables à celles du type commun de la mosquée d'Ibrahîm Agâ. La mosquée d'Abd Ar-Rahmân Katkhodâ[2], construite dans le courant du XVIIIe siècle, est décorée, au-dessus de la porte d'entrée, par un tympan formé de trois carreaux de faïence pareils à ceux du sabîl construit par le même personnage.

SABÎLS-KUTTÂBS.

Les sabîls-kuttâbs[3], dont le plus grand nombre furent élevés sous la domination turque, étaient à l'origine englobés dans l'ensemble du corps des mosquées. A la fin du XIIIe siècle et jusque dans le courant du XVIIIe siècle, ces monuments commencent à être détachés des mosquées et parfois sont complètement isolés; ils forment alors un groupe d'édifices d'une architecture entièrement nouvelle. La construction des sabîls offre deux plans bien distincts : 1° façades droites (souvent à l'angle de deux rues) : sabîls de l'émir Abd Ar-Rahmân et de Yûsuf Agâ al-Habachi (pl. IX, 1), etc., et 2° façade en demi-cercle, contribuant à donner un aspect très caractéristique à ces monuments (sabîl de Rokkaya Doudou)[4] (pl. IX, 2), etc.

La plupart des sabîls du Caire renferment une décoration céramique, soit à l'extérieur (écoinçons, tympans, etc., des façades), soit à l'intérieur (murs de la chambre du sabîl). Ces revêtements sont composés de carreaux de faïence dépareillés appartenant à toutes les époques et à diverses fabrications (faïences d'Anatolie, syriennes, ateliers du Caire et d'importation européenne). Ce n'est que dans les sabîls d'Abd Ar-Rahmân et de Yûsuf Agâ Al-Habachi que nous avons remarqué un revêtement céramique spécialement approprié aux parois de la chambre des fontaines.

[1] Construite en 1262 H. (1846), la mosquée Al-Gaouhari est située dans l'impasse du même nom (rue Al-Guédid).

[2] Ce monument, situé dans la rue Mogharbelîn, n° 23, est de style égyptien-ottoman; il possède une jolie façade ornée d'un balcon en pierre sculptée.

[3] *Sabîl* «fontaine» et *kuttâb* «école». La chambre des fontaines est au rez-de-chaussée et communique avec l'extérieur par de grandes fenêtres grillées dont la partie inférieure est percée d'ouvertures qui permettent au desservant du sabîl la distribution de l'eau. Au-dessus du sabîl, un seul étage dans lequel est installé le kuttâb.

[4] Prisse d'Avennes, *L'Art arabe*, texte, p. 140 et 144; Stanley Lane-Poole, *The art of the Saracens in Egypt*, London, 1886, p. 82; Franz pacha, *Die Baukunst des Islam*, p. 123; Comité, fasc. XIX, 1902, p. 142; fasc. XX, 1903, p. 87; fasc. XXVI, 1909, p. 177.

§ 7. — SABÎL DE L'ÉMIR OMAR.

Le sabîl de l'émir Omar fut construit en 1063 H. (1652-1653)[1]. Il était décoré, jusqu'en 1894, d'un revêtement en carreaux de faïence dont il n'existe plus aujourd'hui que quelques plaques conservées au Musée arabe du Caire[2].

Sur un fond blanc est jeté toute une décoration florale : tulipes et œillets en rouge, muguets en bleu foncé et rosaces bleues, rouges et vertes; les tiges et les feuillages sont en vert. La technique de ses faïences indique la décadence des ateliers d'Asie Mineure. Si les rouges sont en relief et de couleur franche, les verts sont brouillés et le dessin rigide n'a plus cette grâce aisée qui caractérise les faïences des bonnes époques.

Le prototype de ces carreaux de faïence se trouve dans le revêtement mural du Turbé du Prince Mustafâ (877 H. = 1472-1473) à Brousse[3]; plus tard c'est à la mosquée Yeni-djâmi de Constantinople (1023 H. = 1614-1615 à 1074 H. = 1663-1664) que nous retrouvons la copie, exécutée à Isnik[4], de ces carreaux de faïence (disposés en bordure, au ras du sol, sous les fenêtres à vitraux placées à droite dans la salle de réception des appartements destinés aux Sultans, lors de leur prière dans cette mosquée) et à la même époque ces plaques sont exportées au Caire pour orner le sabîl d'Omar Agâ.

§ 8. — SABÎL-KUTTÂB DE KHALIL EFENDI AL-MAKÂTE'GUI.

Le sabîl de Khalil efendi Al-Makâte'gui, construit en 1042-1047 H. (1632-1633—1637-1638)[5], est décoré sur une de ses façades, au-dessus de la grille, par un tympan de faïence semblable aux bordures des panneaux de faïence de la mosquée Aqsunqur. Ces plaques de faïence sont rangées parallèlement les unes à la suite des autres; l'intérieur du sabîl est sans décoration.

[1] Max van Berchem, *Corpus*, p. 615. Ce monument se trouve à l'angle situé vis-à-vis de la mosquée Aqsunqur et dans la sekket Darb al-Kazzazin, n° 29.

[2] Comité, fasc. xi, 1894, p. 64 et 143; Herz bey, *Catalogue*, p. 243, n° 49, fig. 43. On voit encore, sur une des parois du sabîl, des fragments de faïence rassemblés sans ordre; un lambris en marqueterie de marbre ornait, sur une hauteur d'environ 1 m. 50 cent., la partie inférieure des murs du sabîl.

[3] Parvillée, *Architecture et décoration turque au xve siècle*, pl. 44, Paris, 1874; Wilde, *Brussa. Eine entesic Kelungsstätte turkischer Architektur in Kleinasien unter den ersten Osmanien*, Berlin, 1909, p. 75.

[4] Voir p. 37.

[5] Situé dans la rue Ad-Dardîr, n° 12, à l'angle de l'atfet El-Salâoui.

§ 9. — SABÎL-KUTTÂB MUSTAFÂ BEY TABTABAÏ.

Un tympan et quatre petits panneaux situés au-dessous de l'inscription du sabîl de Mustafâ bey Tabtabaï, élevé en 1048 H. (1638-1639)[1], sont décorés de fragments en carreaux de faïence (faïence à fond blanc, décoration de grands feuillages vert et bleu; fabrication d'Asie Mineure). L'émail de quelques-unes de ses plaques s'est, comme dans le sabîl de Mustafâ Sinân, détaché sous l'influence de l'humidité.

§ 10. — SABÎL-KUTTÂB DE MUSTAFÂ SINÂN.

La façade du sabîl de Mustafâ Sinân[2] (1083 H. = 1672-1673) est ornée d'une décoration à peu près semblable, quoique plus surchargée, à celle du sabîl de Mustafâ bey Tabtabaï. Un médaillon central en pierre, deux autres plus bas, à droite et à gauche de l'inscription de l'édifice, puis l'espace compris entre quatre autres médaillons entourant les deux derniers, et enfin un tympan placé au-dessus de la grille du sabîl sont revêtus de carreaux de faïence. De provenance anatolienne, l'émail de ces plaques a totalement disparu; seul le carreau de faïence encastré dans le médaillon supérieur conserve quelques traces d'émail, il comprenait un motif central indistinct, en blanc et décoration en bleu et rouge, entouré d'une bordure verte. L'intérieur du sabîl n'a pas reçu de revêtement céramique.

§ 11. — SABÎL-KUTTÂB YÛSUF AGÂ AL-HABACHI.

Le sabîl de Yûsuf Agâ Al-Habachi[3] fut construit en 1088 H. (1677-1678) sur le modèle commun à ces édifices dans le style égyptien-ottoman. Un revêtement de carreaux de faïence décore quelques parties de la façade et la chambre intérieure du sabîl.

Façade du sabîl-kuttâb. — A droite et à gauche de l'inscription placée sur la façade du monument, deux petits panneaux de carreaux de faïence, dont l'un au type de la coupe, semblable à ceux d'Ibrahîm Agâ, et l'autre du même modèle

[1] Le sabîl Tabtabaï est situé dans la rue Al-Rouqbiyah.

[2] Le sabîl de Mustafâ Sinân est situé dans la rue Sûq as-Silâh, en face de la mosquée de l'émir Al-Djây.

[3] Ce sabîl est aussi connu sous le nom de Mohammad Katkhodâ Mustahfazân, d'après une inscription située à l'intérieur du sabîl (cf. Comité, fasc. XIV, 1897, p. 99). Le sabîl de Yûsuf Agâ est placé à l'angle des rues Darb al-Ahmar et al-Tabbanah.

que les carreaux de l'intérieur du sabîl. Un tympan en faïence (modèle des bordures en bleu et blanc de la mosquée d'Ibrahîm Agâ) est disposé au-dessous de la porte du kuttâb, du sabîl et de la grille située à droite de la porte d'entrée du sabîl (pl. IX, 1).

Revêtement intérieur du sabîl. — Les murs intérieurs du sabîl (transformé actuellement en école)[1] sont revêtus de carreaux de faïence à fond blanc avec motifs de fleurs stylisées en bleu et vert; plusieurs plaques au type de la coupe sont disséminées dans le revêtement des murs; les bordures encadrant les panneaux sont égalcment semblables à celles d'Ibrahîm Agâ. Les carreaux de remplissage offrent deux types différents[2] d'ornements avec fleurs stylisées[3]. On y remarque la même teinte générale de couleur bleue des carreaux d'Aqsunqur. Selon toutes les apparences, la décoration céramique du sabîl de Yûsuf Agâ provient des mêmes ateliers d'Anatolie que les carreaux de la mosquée Aqsunqur.

§ 12. — SABÎL-KUTTÂB EL-BELIFIA OU DE HASAN AGÂ KOKLAÏAN[4].

Le sabîl El-Belifia, construit en 1106 H. (1694-1695), est décoré au-dessus des grilles des façades par un large tympan de faïence. Les carreaux de faïence à fond blanc, aux dessins et aux couleurs bien distincts, sont ornés, au centre, d'une petite rosace verte entourée par une décoration florale bleue et verte de rosaces s'entre-croisant les unes dans les autres[5]. L'intérieur du sabîl, transformé en école, ne possède aucune décoration.

§ 13. — SABÎL-KUTTÂB DE L'ÉMIR ABD AR-RAHMÂN.

Le sabîl-kuttâb d'Abd Ar-Rahmân fut construit en 1157 H. (1744-1745)[6]. La salle du sabîl possède une décoration qui offre cette particularité, très rare

[1] Comité, fasc. XXVI, 1909, p. 28.

[2] A l'origine le revêtement de faïence de ce sabîl se composait de deux modèles différents de carreaux. Ce sont, avec le sabîl d'Abd Ar-Rahmân, les deux monuments au Caire ayant reçu une décoration de faïence spécialement agencée avec la construction.

[3] Musée arabe, salle XI, n° 72.

[4] D'après l'inscription de la façade. Le sabîl El-Belifia est situé dans la rue Sûq as-Silâh, dans un angle de cette dernière voie et d'une impasse, n° 2.

[5] Musée arabe, salle XI, n° 69.

[6] Max van Berchem, *Corpus*, p. 622. Situé dans la rue Nahassîn, à l'angle de la rue Tumbakiyeh.

dans les monuments du Caire, d'un ensemble complet de revêtement céramique approprié spécialement pour ce monument; les carreaux de remplissage et les faïences des écoinçons des trois fenêtres sont d'un même modèle; au-dessus de la porte d'entrée intérieure se trouve une inscription[1] d'invocation rappelant la destination du lieu, et sur la face est du mur, à gauche de la porte, un panneau représente les monuments entourant la Ka'bah de la Mecque[2]; au-dessous, une inscription coranique[3] qui devait surmonter un pseudo-mihrâb, également en carreaux de faïence, dont on voit encore deux chaînes auxquelles était suspendue une lampe[4]. Le monument d'Abd Ar-Rahmân peut être considéré comme le type du sabîl de l'époque ottomane.

Les plaques de faïence de remplissage garnissant les murailles du sabîl sont ornées, sur un fond blanc, de fleurs et de rameaux de pavot très stylisés en bleu, vert et rouge (un grand nombre des carreaux de remplissage présente une différence de fabrication : le fond blanc est légèrement verdâtre, le ton des ornements est bleu et vert, sans touche de rouge, le motif du décor est le même; ce sont des copies exécutées au Caire par des céramistes marocains dont les produits seront décrits plus loin). Quant à la décoration des fenêtres de l'édifice, les deux extrémités supérieures des écoinçons sont réunies, au milieu de la voûte des ouvertures, par un ruban entrelacé autour d'un petit disque étoilé blanc sur fond bleu. Le ruban, avec décoration de fleurs et fruits de pavot, forme la bordure de l'écoinçon, également orné de branches florifères de pavots (pl. VIII, 2). Le fond est bleu et les ornements en blanc et vert[5].

[1] Inscription en lettres bleues sur fond blanc, fragmentaire; cf. Prisse d'Avennes, *L'Art arabe*, texte, p. 157. Voici le texte complet de cette formule, fréquente dans les monuments musulmans: يا مفتح الابواب افتح لنا خير الباب يا مالك الممالك انك انت الباق وكل شىء هالك.

[2] Prisse d'Avennes, *L'Art arabe*, texte, p. 145, 274 et 275; Comité, fasc. 1, 1882, p. 16. Cf. Prisse d'Avennes, *op. cit.*, *Atlas*, t. II, pl. CXI, qui a reproduit ce panneau mais sans donner les inscriptions désignant chacun des monuments (les montagnes de la partie supérieure du tableau sont de couleur verte sur l'original, en jaune brun dans la planche de Prisse d'Avennes) et dans un entourage de carreaux de faïence d'un type différent.

[3] Inscription en lettres jaunes sur fond blanc. Musée arabe, salle XI, n° 23, plaques portant une inscription semblable en caractères bleus sur fond blanc et provenant de la mosquée Sayyida Nafîsah.

[4] La bordure de faïence qui entoure le panneau de la Ka'bah, l'inscription coranique et le pseudo-mihrâb, est formée de fleurons en bleu avec taches de vert et de jaune.

[5] Prisse d'Avennes, *L'Art arabe*, texte, p. 145, 157, 274-275; *Atlas*, t. II, pl. CXXIX; Comité, fasc. 1, 1882, p. 16 (seconde édition, p. 54, pl. IV); Stanley Lane-Poole, *The art of the Saracens in Egypt*, London, 1886, p. 83.

§ 14. — SABÎL-KUTTÂB DE LA MADRASAH DU SULTAN MAHMÛD.

La fontaine du sultan Mahmûd, élevée en 1164 H. (1750-1751)[1] (de style égyptien-ottoman), est disposée en demi-cercle à l'angle de deux rues[2]. L'intérieur se compose d'une chambre, demi-circulaire comme la façade, coupée par les arcs des fenêtres et d'un mur percé par une ouverture donnant accès au sabîl. Un lambris de marbre, sur une hauteur de près de deux mètres, est appliqué sur tout le pourtour inférieur de la chambre; la partie supérieure est occupée par un revêtement de carreaux de faïence[3].

Mur du fond du sabîl. — Cette partie de la muraille est décorée par deux panneaux de faïence de même décor. Dans un fond blanc, un semis de fleurettes rouge tomate et de fleurs de couleur bleue avec tiges et feuillages verts, forme un entourage à un second panneau ovoïde à fond bleu très foncé et décoré en rouge, vert et blanc de toute une végétation : tulipes, marguerites, œillets, rosaces, etc. Une bordure à fond bleu avec fleurs blanches, vertes et rouges, encadre ces deux panneaux, qui possèdent en outre, dans les deux angles supérieurs, des écoinçons à fond bleu très clair avec ornements blancs et rouges. Malheureusement les deux panneaux sont incomplets à leur base; ils comprenaient un vase, on n'en aperçoit que la partie supérieure, le goulot avec deux anses, d'où s'élançait la décoration florale que nous venons de décrire. Les carreaux de remplissage entourant le panneau de gauche sont de la même technique, fond blanc avec décoration de feuillages bleus, verts et rouges; quant aux carreaux de remplissage du panneau de droite, fond blanc sans éclat à décoration florale verte et bleue, ils sont de la même fabrication que ceux de l'îwân de la mosquée Ibrahîm Agâ. Sur toute la longueur du mur court une frise formée de carreaux de faïence à fond blanc orné de fleurs en bleu avec liséré rouge; chaque fleur est séparée par une tulipe avec tige.

Nous retrouvons dans la technique de ces deux panneaux, et dans les faïences de remplissage du panneau de gauche, les produits céramiques du xve-xviie siècle des fabriques d'Isnik et de Kutahia. Les fonds blancs sont d'une pureté admirable; les rouges, de couleur tomate, présentent un léger relief. Ces couleurs n'ont pas coulé lors de la cuisson et les décors en bleu, vert et rouge, d'un

[1] Max van Berchem, *Corpus*, p. 624. Ce monument est situé à el-Kheyamieh.

[2] P. Coste, *Architecture arabe des Monuments du Kaire*, Paris, 1837, p. 39 et pl. XXXVIII, XXXIX et XLI; Franz pacha, *Die Baukunst des Islam*, p. 122, fig. 174, lettre E du plan du monument.

[3] Comité, fasc. vi, 1889, p. 59.

dessin très net sous la couverte, acquièrent un éclat et une délicatesse de teinte d'une grande harmonie. Les murs, piliers et arcs de voûte des ouvertures percées dans la partie en demi-cercle du sabîl, sont revêtus de carreaux de faïence présentant un mélange de fabrication syrienne, d'Asie Mineure et d'origine européenne. Les piliers des arcs sont décorés de panneaux formés de plaques de faïence du modèle à la coupe semblable à celles de la mosquée Aqsunqur, mais ayant totalement changé d'aspect : les motifs floraux n'ont plus une couleur uniforme bleue, les fleurs de ces carreaux, tulipes, œillets, etc., possèdent leur couleur naturelle, et la coupe est transformée en un vase dont la forme se retrouve dans la céramique syrienne ou d'Anatolie[1]. Ces carreaux de remplissage offrent une grande variété de dessins et de provenances : mêmes carreaux qu'à la mosquée Ibrahîm Agâ; plaques de fabrication européenne avec étoile dans le centre[2]; quelques carreaux de fabrication locale; le revêtement des voûtes des fenêtres est formé de petites plaques avec ornement central en brun manganèse, d'importation occidentale.

Les portails donnant accès au kuttâb, au sabîl et à la madrasah[3] du sultan Mahmûd possèdent également une décoration céramique : 1° carreaux de faïence disposés en écoinçons sur la façade de chaque portail; 2° tympans au-dessus des portes et 3° quelques carreaux de faïence entourant un cube de pierre faisant suite au chapiteau des deux colonnes placées à l'entrée des portails du monument. Ces plaques de faïence appartiennent aux mêmes modèles que ceux de l'intérieur du sabîl.

§ 15. — SABÎL DE MOHAMMAD BEY ABU DH-DHAHAB.

Le sabîl[4] de Mohammad bey Abu dh-Dhahab fut élevé en 1188 H. (1774-1775), un an après la construction de la mosquée du même personnage[5]. De forme carrée, en angle sur la rue, il est orné à l'extérieur, au-dessus des deux grilles des ouvertures, d'un tympan recouvert de carreaux de faïence. A l'état fragmentaire, ces plaques sont semblables à celles du sabîl d'Abd Ar-Rahmân et de Mustafâ bey Tabtabaï.

[1] Musée arabe, salle XI, n° 52 (*Catalogue*, p. 244).

[2] Musée arabe, salle XII, n° 7 (*Catalogue*, p. 253).

[3] Alî Pacha Mubârak, *Khitat*, t. VI, p. 55, l. 24.

[4] Ce sabîl fait partie d'un abreuvoir. Sur la disposition de ces abreuvoirs, voir Comité, fasc. xxvi, 1909, p. 177.

[5] Voir p. 42. Situé dans la rue al-Tablita, derrière la mosquée Mohammad bey Abu dh-Dhahab.

MAISONS.

Le décor céramique fut non seulement employé dans les monuments publics et religieux du Caire, mais contribua également à orner les demeures d'habitations[1]. Le Caire possède encore quelques maisons construites dans le courant du XVIIIe siècle, d'un grand intérêt au point de vue de l'architecture civile, dont les murailles sont décorées par un revêtement de carreaux de faïence.

§ 16. — MAISON DU CHAIKH MOHAMMAD AL-KASSABI.

La maison Al-Kassabi, située dans la rue Darb al-Asfar (Gamâlieh), fut construite en 1058 H. (1648); vers 1211 H. (1796-1797) elle subit d'importantes modifications et son état actuel date de cette dernière époque.

Les parois d'une petite kâʿa, située au premier étage du bâtiment, sur le côté nord de la cour, sont recouvertes par un mélange de carreaux de faïence d'origine anatolienne et européenne (fabrication italienne)[2].

§ 17. — MAISON AL-MUFTI.

Les murs de la kâʿa de la maison du «mufti», édifice du XVIIIe siècle (1116 H. = 1704-1705)[3], étaient décorés par un revêtement en carreaux de faïence[4] originaires d'Asie Mineure. Il n'en reste que quelques fragments[5].

§ 18. — MAISON MAHMÛD SÂMI AL-BAROUDI.

Une des chambres de la maison Al-Baroudi (1154, 1203 et 1206 H. = 1741, 1788 et 1791)[6], située au rez-de-chaussée, était presque entièrement revêtue

(1) Prisse d'Avennes, *L'Art arabe*, texte, p. 150-160, et voir p. 153, 155 et 157; Franz pacha, *op. cit.*, p. 129-140; Stanley Lane-Poole, *The art of the Saracens in Egypt*, London, 1886, p. 234; *Transaction of the Royal Institute of British Architects*, New Series, vol. VI, 1889-1890, p. 221 à 242; Saladin, *Manuel d'art musulman*, p. 171.

(2) Comité, fasc. VII, 1890, p. 44; fasc. XXII, 1905, p. 60 et 77.

(3) Comité, fasc. XXIV, 1907, p. 3; fasc. XXIX, 1912, p. 120. Située dans la châra Khalig al-Masri.

(4) Comité, fasc. XXIX, 1912, p. 119 et pl. V à X. Voir également G. Ebers, *Aegypten*, Leipzig, 1880, t. II, les figures des pages 87 et 89; Phené Spiers, dans *Transaction of the Royal Institute of British Architects*, New Series, vol. VI, 1889-1890, p. 231-237.

(5) Comité, fasc. XXIX, 1912, p. 119.

(6) Comité, fasc. IX, 1892, p. 15 et 57. Cette maison se trouve dans la rue Bâb al-Khalk.

de plaques de faïence ainsi que des petites niches percées dans l'épaisseur des murailles[1]. Plaques de faïence d'origine anatolienne.

§ 19. — MAISON WAKF AHMED HUSSEIN.

Les murs de la kâ'a de la maison Ahmed Hussein (1171 et 1213 H. = 1758-1759 et 1798-1799)[2] étaient en grande partie recouverts de plaques de faïences[3] ornées de fleurons bleus sur un fond blanc[4]. Ces carreaux appartiennent à une fabrication européenne.

§ 20. — MAISON WAKF RADOUÂN BEY.

La décoration de la maison Radouân bey, construite dans le courant du XVIIIe siècle, comprenait aussi des revêtements de carreaux de faïence[5]. Le Musée arabe en conserve quelques plaques[6]. Nous y retrouvons, transformé, le modèle à la coupe des plaques de faïence de la mosquée Ibrahîm Agâ; la forme de la coupe a changé et est bordée d'un trait rouge; les fleurs, œillets et tulipes, sont de couleur bleue et verte avec taches de rouge. Enfin, aux quatre angles des carreaux, une décoration florale en vert, bleu et rouge, sertie par un trait rouge, remplace le cyprès et forme le raccord des plaques entre elles. Provenances : Syrie ou ateliers d'Asie Mineure[7].

Durant la période s'étendant de 951 H. (1544-1545) à 1062 H. (1651-1652) aucun édifice du Caire ne reçoit un revêtement céramique. Plus d'un siècle s'était écoulé depuis le moment où, en 951 H., l'émir Sulaymân faisait élever son

(1) Comité, fasc. IX, 1892, p. 15, 57-58. Les carreaux de faïence de la maison al-Baroudi ont été enlevés.

(2) Comité, fasc. XIV, 1897, p. 65, et fasc. XV, 1898, p. 145. Située à al-Margouch (kism Bâb al-Charieh). L'intérieur de cette maison a été détruit en 1898 (voir Comité, fasc. XV, 1898, p. 78 et 147); les boiseries et les faïences ont été enlevées.

(3) Comité, fasc. XV, p. 146 et pl. III et IV.

(4) Musée arabe, salle XII, n° 5 (*Catalogue*, p. 253).

(5) PRISSE D'AVENNES, *L'Art arabe*, *Atlas*, t. II, pl. CXVII et CXVIII; Comité, fasc. XXIX, 1912, p. 117. La maison Radouân est située à el-Kheyamich.

(6) Musée arabe, salle XI, n° 50, et *Catalogue*, p. 243.

(7) Les tympans des portes de la cour intérieure d'une maison bâtie dans le courant du XVIIIe au XIXe siècle, située dans la rue Bein el-Sourein, n° 18 (maison wakf Barouch bey), sont revêtus de fragments de carreaux de faïence d'époque turque, bleu sur blanc; une chambre donnant sur la cour est également décorée de quelques plaques de ces mêmes faïences mélangées avec des fragments de faïence italienne. Prisse d'Avennes (*L'Art arabe*, *Atlas*, t. II, pl. CXVI et CXXVI; texte, p. 276) signale dans la maison «Beyt el-Émir» (?) et dans le «Palais d'Ismaïl bey» (?) des revêtements de faïence.

mausolée et le décorait avec des plaques de faïence à inscription vraisemblablement de fabrication locale[1]. Et ce n'est qu'en 1062 de l'Hégire, à la mosquée d'Ibrahîm Agâ, que paraissent les premières plaques de faïence importées de Turquie et portant un motif complet sur chaque carreau pouvant se combiner et s'assembler en grands panneaux.

L'industrie de cette branche de la céramique, déjà si pauvre, avait dû presque complètement disparaître du Caire à cette époque; les céramistes du pays n'avaient pu parvenir à égaler les faïences importées de l'étranger, et nous verrons plus loin le résultat déplorable auquel ils sont parvenus lorsqu'ils voulurent s'essayer à imiter les faïences d'Asie Mineure et de Syrie. Il faut attribuer la vogue de décoration en carreaux de faïence, qui commence vers le xviie siècle et qui se continuera pendant tout le xviiie siècle, aux fonctionnaires turcs qui apportèrent de leur pays d'origine et firent rapidement adopter ce mode de revêtement qui remplace dorénavant la marqueterie de marbre et pierres de couleur d'un travail plus long et plus coûteux. Dans un ordre général, les nombreuses mosquées restaurées après la conquête ottomane reçurent soit sur la façade du portail, soit dans la niche et autour du mihrâb un revêtement de plaques de faïence. Ce n'est que dans quelques rares mosquées construites après la conquête ottomane, dans les sabils et dans les maisons d'habitation, que l'on constate que le revêtement de faïence fait partie de la construction et n'est pas une adjonction ultérieure.

Quant à la recherche de la provenance bien définie des carreaux de faïence que nous avons étudiée sur les monuments du Caire, nous sommes encore en présence d'une question dont la solution restera toujours obscurcie par l'absence de texte et de renseignements exacts. Ces faïences sont généralement attribuées aux ateliers d'Asie Mineure et particulièrement aux fabriques de Kutahia[2]. La fabrication de ce genre de céramique se serait développée à Kutahia après la décadence d'Isnik au xviie siècle[3] (autre ville d'Asie Mineure renommée pour ses fabriques de faïence).

[1] Voir plus haut, p. 14 et 16.

[2] *Description de l'Égypte*, 1798, t. XVIII, 2e partie, p. 360, concernant les faïences de l'Iwân de la Citadelle : «on les exécute en Caramanie, à Kiutayah»; Prisse d'Avennes (*L'Art arabe*, texte, p. 195) mentionne que c'est de Khutaya que proviennent la plus grande partie des carreaux de faïence qui décorent les édifices du Caire. Herz bey, *Catalogue du Musée arabe*, 1906, p. 232; Stanley Lane-Poole, *The art of the Saracens in Egypt*, London, 1886, p. 236.

[3] Edhem pacha, *Architecture ottomane*, Constantinople, 1873, p. 6; Saladin, *op. cit.*, p. 509, note 3; Migeon, *op. cit.*, p. 302-303. Isnik (ancienne Nicée), surnommée au xvie siècle «Tchinili-Isnik» «Nicée des faïences», fut célèbre à cette époque par ses ateliers de fabrication de carreaux de faïence qui furent employés dans la décoration de la plupart des mosquées de Constantinople.

Nous avons retrouvé à la mosquée d'Ibrahîm Agâ, dans celle d'As-Sini à Girgâ et sur les parois du sabîl d'Omar Agâ, des carreaux de faïence identiques à ceux décorant l'intérieur de la Yeni Validé Djâmi (1023 H. [1614-1615]—1074 H. [1663-1664]) de Constantinople ainsi que les appartements disposés dans cette mosquée pour la prière des Sultans. Nous pouvons les attribuer d'une manière certaine aux ateliers de Nicée. Dans le cours de la construction de la mosquée, le calligraphe Teknèdji Zâdé Ibrahîm est envoyé à Nicée pour tracer les modèles des écritures des faïences destinées à la mosquée Yeni Validé Djâmi[1]. Les ateliers de Nicée étaient donc encore à cette époque en pleine activité[2].

Mais peut-on affirmer que les faïences des trois monuments cités plus haut proviennent de cette fabrique? Nous y trouvons exactement les mêmes dessins, les teintes identiques, une même technique de travail, mais, encore une fois, rien ne vient confirmer d'une manière certaine que ces carreaux ont été fabriqués à Nicée et non pas à Kutahia, qui fut aussi un centre important de fabrication de faïence[3]. Enfin nous demeurons dans l'incertitude à ce point de vue et c'est seulement l'étude méthodique des carreaux de faïence des mosquées de Constantinople, des villes d'Asie Mineure et de la Syrie[4] et notamment quelques sondages à Isnik, à Kutahia et à Damas dans la recherche de l'emplacement des fabriques qui pourront nous donner les renseignements permettant l'attribution exacte des faïences qui décorent un si grand nombre de monuments de l'Art musulman.

Quant à la Syrie, en 979 H. (1501) il existait à Damas une fabrique de carreaux de faïence (*qichani*)[5]. Il est probable qu'elle a fourni des revêtements

[1] خط وخطاطان (*Hat' u hat'tatan*), par Habib Efendi, Stamboul, 1310, t. , p. 90, 91; Huart, *Les calligraphes et les miniaturistes de l'Orient musulman*, Paris, 1908, p. 182. Teknèdji Zâdé Ibrahîm est mort, d'après Habib Efendi cité plus haut, en 1089 H. (1678-1679) et non en 1189 H. (1775), comme le mentionne Huart, *op. cit.*, p. 182.

[2] C'est donc une erreur que d'affirmer que ce fut la mosquée du sultan Ahmed Ier à Constantinople (1019-1023 H. = 1610-1611—1614-1615) qui reçut le dernier revêtement que put fournir Isnik, ruinée peu après par les désordres et la décadence de l'Empire ottoman et ensuite abandonnée. Edhem pacha, *Architecture ottomane*, Constantinople, 1873, p. 6; Saladin, *op. cit.*, p. 509, note 3; Migeon, *op. cit.*, p. 302-303. De plus, Otter (*Voyage en Turquie et en Perse*, Paris, 1748, t. I, p. 44) signale qu'à Isnik, en 1736, «on y fabrique des vases de fayence dont les Turcs font usage».

[3] La collection Godman possède une aiguière portant la date de 1510 de notre ère et provenant des ateliers de Kutahia (Burlington, *Fine arts Club, Exhibition of the faïence of Persia and the near east*, London, 1908, p. 36, n° 5). En 1715, le voyageur Paul Lucas envoie en France une certaine quantité de vases et d'ustensiles «le tout de porcelaine de Cutajl», dans H. Omont, *Missions archéologiques*, Paris, 1912, t. I, p. 359.

[4] Stanley Lane-Poole, *The art of the Saracens in Egypt*, London, 1886, p. 235 et 237.

[5] *Description de Damas. L'abrégé du Dârès*, par le chaikh Abd al-Bâset el-Elmawy, traduction

céramiques à l'Égypte[1]. Le mot *qichani*, employé en Égypte pour désigner les carreaux de faïence[2], pourrait faire croire à une importation venant de la Perse. Mais le terme *qichani* est employé dans tous les pays d'Orient pour désigner une plaque de faïence[3].

II. — CARREAUX DE FAÏENCE DE FABRICATION INDIGÈNE COPIÉS SUR DES CARREAUX IMPORTÉS EN ÉGYPTE.

§ 1. — MAUSOLÉE DE SAYYIDAH NAFÎSAH.

Le mausolée de Sayyidah Nafîsah, construit au IIIe siècle de l'Hégire, fut, comme la plupart des sanctuaires vénérés de l'Égypte, souvent transformé et restauré[4]; une dernière restauration exécutée récemment livrait au Musée arabe du Caire toute une série de carreaux de faïence détachés des murs du mausolée de Nafîsah (revêtement du mihrâb, etc.)[5].

Sauvaire dans *Journal asiatique*, 1894, t. VI, p. 256 et 305, note 69, mentionne qu'il existait une fabrique de faïence (*qâchâni*) près de la madrasah Al-Khâtoûnieh (*intra muros*). *Itinéraire de l'Orient*, par A. Joanne et Isambert, Paris, 1861, *Syrie*, p. 666 (édit. 1882-1895, p. 638) : A Damas, en face de Bab el-Charqi, «se trouve une colline formée de décombres; des fouilles récentes ont fait découvrir qu'il y avait en cet endroit des fours pour la fabrication des célèbres poteries émaillées de Damas» (E. G. Rey).

(1) Stanley Lane-Poole, *The art of the Saracens in Egypt*, London, 1886, p. 235-236.

(2) Prisse d'Avennes, *op. cit.*, texte, p. 193; Herz bey, *Catalogue du Musée arabe*, 1906, p. 230; Saladin, *op. cit.*, p. 463.

(3) En Syrie, à Damas, mosquée de la Derwîchiyeh, le chaikh Abd al-Bâset el-Elmawy (979 H.), dans son ouvrage de la *Description de Damas*, traduction Sauvaire, dans *Journal asiatique*, 1896, t. VII, p. 261, mentionne : «ces deux vers sont écrits sur le revêtement en faïence vernissée *qâchâni* (القاشانى pour القيشانى), et p. 283, note 196; *ibid.*, 1894, t. IV, p. 256 et p. 305 note 69. Au Caire, Ibn Iyas (*Ta'rikh Misr*, Paris, 1824, ms. f° 143 v°; voir Max van Berchem, *Corpus*, p. 578, note 2) désigne les faïences émaillées décorant le dôme du mausolée du sultan Qânsoûh Al-Gûri, par le mot *qâchâni*. En Asie Mineure (Turquie), le mot *qâchâni* alterne avec celui de «Tchini». Le mot «Tchini» vient de Tchina, la Chine, dont les porcelaines ont été de tout temps exportées en Orient. Ainsi, à Constantinople nous trouvons Tchinili kieuchk, le kieuchk des faïences (comparer aussi «syrtcha» signifiant faïence et équivalant à Tchini — voir Syrtchaly médressé à Konia) et encore au XVIe siècle, Nicée (Isnik) portait le nom de Tchinili-Isnik «Isnik des faïences», en raison de ses fabriques de faïence, etc. Nous en retrouvons aussi un exemple en Égypte, à Girgâ, la mosquée As-Sini, dont le nom dérive aussi de Tchini (Beled as-Sin). En Perse, le mot *qâchâni* est réservé aux carreaux de faïence; cf. Sarre, *Reise in Kleinasien*, Berlin, 1906, p. 63; W. et G. Marçais, *Les monuments arabes de Tlemcen*, Paris, 1903, p. 79, note 2.

(4) Max van Berchem, *Corpus*, p. 63 et 624.

(5) Ali pacha Mubârak (*Khitat*, V, p. 134) signale dans cette mosquée des carreaux de faïence sur la porte, les murs et dans une niche de prière du tombeau (peut-être la niche mentionnée dans

Ces plaques de faïence nous ont conservé les noms de deux artisans étrangers, installés en Égypte dans le courant du XVIe au XVIIIe siècle. La plaque n° 14 du Musée arabe[1] porte le nom d'un céramiste originaire de la Perse, «Issa ibn al-Taourisi» (de Tauris). Nombreux étaient les céramistes venus de la Perse en Égypte[2]; l'œuvre signée par Issa montre la même technique de fabrication que les pièces du tombeau de Sidi Ali Negm et de quelques autres monuments de cette époque.

De grandes dimensions, cette plaque se compose d'un carré à fond bleu orné de dessins géométriques, s'entrelaçant, formés par le prolongement des hampes des lettres disposées sur les quatre côtés; une bordure en caractères coufiques bleus, très fleuris et ornés de rinceaux, sur fond blanc, contient une inscription coranique. Aux quatre angles de la pierre, caractères coufiques carrés, en brun manganèse sur fond blanc :

Angles supérieurs, nom du céramiste :

عمل عيسى بن ا

Fait par Issa ibn

Angles inférieurs, lieu d'origine :

التوريزى

Al-Taourisi (pl. X, 1).

Une inscription mentionnant le nom, le lieu d'origine d'un second céramiste, et, de plus, une date, est tracée sur deux autres plaques de faïence :

(1) لآل النبى زد يا محمد خدمة (2) وعبد الكريم الفاسى خادم سيده
(3) وشهرته الزريع ارخ صنيعه (4) بنا قبلة لله ختم بها نيه سنة ١١٧١

Ô Mohammad fils (?) d'Abd Al-Karim, originaire de Fez et surnommé Az-Zarî', sers encore davantage les descendants du Prophète! Tu as érigé une niche de prière pour plaire à Allah. L'an 1171[3].

l'inscription du céramiste Az-Zarî' [voir p. 40]); il y avait également quelques plaques de faïence au-dessus d'une des portes du mausolée; Comité, fasc. XIII, 1896, p. 183.

[1] Musée arabe, salle XI (Herz bey, *Catalogue*, p. 240).

[2] Dr Fouquet, *Contribution à l'étude de la céramique orientale*, dans les *Mémoires de l'Institut égyptien*, t. IV, 1901, p. 64 et suiv.

[3] Herz bey, *Catalogue*, p. 240, n° 24.

Voici la traduction littérale : «(1) Pour la famille du Prophète sers davantage ô Mohammad, (2) et Abd Al-Karim Al-Faza est le serviteur de son maître, (3) et son surnom Az-Zarî' date son œuvre, (4) a construit une niche de prière par laquelle il a exaucé un vœu. L'an 1171.»

Abd Al-Karim Al-Faza (de Fez), surnommé Az-Zarîʿ, est originaire du Maroc; la date 1171 H. (1757-1758) nous fixe aussi l'époque à laquelle il était installé au Caire (pl. X, 2).

Une lampe conservée au Musée arabe porte sur le col l'inscription et la date suivantes :

اشغل الزريع سنة ١١٥٥

Fait par Az-Zarîʿ, l'an 1155 (1742)[1].

Les caractères de l'inscription, la pâte et l'émail, la couleur bleue des lettres et des décorations de la lampe, sont semblables aux deux plaques de faïence portant le même surnom d'Az-Zarîʿ. Nous sommes donc certain de l'existence vers 1155 à 1171 H. (1742-1757) d'un atelier de céramiste d'origine marocaine[2].

On peut attribuer à cette fabrique plusieurs plaques de faïence conservées au Musée arabe (nos 15-28, *Catalogue*, p. 240), et employées aussi dans la décoration des sabils de Rokkaya Doudou et d'Ismaïl bey. La pâte est de couleur jaunâtre, quelquefois légèrement rosée; elle se délite sous l'action du temps; quant à la couverte, l'émail est d'un brillant laiteux sans transparence; les blancs sont toujours légèrement teintés de vert. Les couleurs sont devenues rares — le bleu, le vert, que les céramistes ne savent plus fixer, et le manganèse, servant aussi à entourer d'un trait les lettres et les ornements de ces faïences — par contre le rouge est complètement abandonné. Cet émail, formé d'une couche très mince et cassante, se détache et laisse la pâte à nu. Les céramistes marocains ont imité les carreaux de faïence importés d'Asie Mineure[3]. Sans en être une copie servile, les plaques de faïence d'Az-Zarîʿ ne sont jamais parvenues à les égaler; les dessins, sans aucune originalité, sont toujours sertis par un mince filet de manganèse (employé pour contenir l'émail), et les couleurs aux teintes effacées et ternes donnent l'impression d'une industrie tombée dans la plus complète décadence[4].

(1) Musée arabe, salle XI, n° 117 (*Catalogue*, p. 252). شغل pour اشغل.

(2) Appartiennent également à ce même atelier les nos 115, 116, 118 et 119, salle XI, du Musée arabe (*Catalogue*, p. 252). Lampes de mosquée avec décorations florales bleues sur fond blanc.

(3) Musée arabe, salle XI; comparer les nos 68, 69, modèles importés, avec le n° 25, imitation locale; n° 27 fabrication locale à comparer avec les plaques des écoinçons de la mosquée Al-Fakahâni et celles du tympan du portail de la mosquée Osman Katkhoda, nos 28-32 et n° 74, copies de carreaux de faïence.

(4) Musée arabe, salle XI, nos 15, 16, 17, fragments de bordure; n° 18, grand panneau formé de plusieurs pièces à fond blanc sur lesquelles est dessiné un mihrâb; un large trait de manganèse forme la niche en arc de fer à cheval soutenue par deux colonnes; au milieu est suspendue une

§ 2. — SABÎL-KUTTÂB IBRAHÎM BEY, DIT D'ISMAÏL BEY.

Élevé en 1167 H. (1753-1754)[1], le sabîl d'Ibrahîm bey présente une façade demi-circulaire[2]; la partie supérieure qui comprenait l'école n'existe plus. Quelques plaques de faïence sont disposées en écoinçons au-dessus des trois ouvertures de la façade du sabîl. Ces carreaux de faïence, à fond blanc, représentent, placée au centre et en forme de médaillon ovale, une large fleur stylisée en vert, au milieu de laquelle un fond de couleur bleue contient une gerbe de tulipes sur fond blanc; des rinceaux en bleu entourent cette décoration. Les couleurs mal fixées sur les plaques ont coulé et l'émail, formé d'une couche très mince, se détache insensiblement. Les carreaux de faïence du sabîl d'Ismaïl bey appartiennent aux fabriques des céramistes marocains établis au Caire[3].

§ 3. — SABÎL-KUTTÂB EL-SITT ROKKAYA DOUDOU BENT BADAOUIEH CHÂHÎN.

Le sabîl-kuttâb de Rokkaya Doudou, construit en 1174 H. (1760-1761) dans le style égyptien-ottoman, présente une très grande façade demi-circulaire aux parois surchargées d'ornements sculptés[4]. Les écoinçons des trois faces du sabîl et les encadrements de la façade du mur contenant deux fontaines à droite du sabîl, sont recouverts de carreaux de faïence du modèle et de la même provenance que ceux du sabil d'Ismaïl bey. L'émail de ces plaques a totalement disparu dans plusieurs des panneaux, la pâte, désagrégée par l'humidité, ne retenant plus l'émail très fin et très cassant de ces carreaux (pl. IX, 2).

lampe, en traits bleus, entourée de deux cierges en jaune placés dans des chandeliers en blanc et en vert. Un large encadrement floral bleu et vert entoure ce pseudo-mihrâb. Cf. *Catalogue*, p. 240, nos 19 22, panneaux formés de quatre plaques de faïence à fond blanc, portant en grands caractères bleus, ornés d'un trait au manganèse, les noms d'Allah, Mohammad, Omar et Osman; ces inscriptions sont entourées dans une arche de couleur verte; aux angles des carreaux se trouve un rameau composé d'un œillet et de deux tulipes. Cf. *Catalogue*, p. 240, n° 23, même inscription coranique, caractères bleus sur blanc, que celle se trouvant au-dessus du pseudo-mihrâb du sabîl d'Abd Ar-Rahmân.

(1) Comité, fasc. xx, 1903, p. 89. Ce monument est situé à al-Daoudiyeh.

(2) P. Coste, *Architecture arabe ou Monuments du Kaire*, Paris 1837, p. 49, pl. LII; Prisse d'Avennes, *L'Art arabe*, texte, p. 144, fig. 14 et 15 avec plan de l'édifice; Comité, fasc. xx, 1903, p. 87-89, et pl. III (plan).

(3) Musée arabe, salle XI, n° 26.

(4) Situé dans la rue Sûq as-Silâh, n° 41. Voir Prisse d'Avennes, *L'Art arabe*, texte, p. 145; Comité, fasc. xxviii, 1911, p. 108 et 163.

§ 4. — MOSQUÉE DE MOHAMMAD BEY ABU DH-DHAHAB.

La mosquée de Mohammad bey Abu dh-Dhahab, bel édifice de style égyptien-ottoman, fut construite en 1187 de l'Hégire (1773-1774)[1]; le tombeau du fondateur, mausolée à coupole dont les murs sont revêtus de carreaux de faïence, est placé à l'un des angles de la mosquée. Les tympans des deux portails de la mosquée sont ornés de faïence à fond vert brouillé, au centre, rosace florale bleue contenant un médaillon ovale en vert avec gerbe de tulipes; au-dessus des fausses fenêtres ornant les deux façades du bâtiment se trouvent des tympans également décorés par des fragments en faïence d'époque turque.

Les murs de la chambre du tombeau sont recouverts de carreaux en faïence d'origine moghrabine (importation tunisienne ou fabrication locale par des ouvriers marocains) et d'importation européenne (Italie, Espagne ou Midi de la France).

Ces carreaux de faïence, dont les seuls spécimens se trouvent à la mosquée de Mohammad bey, sont des plaques carrées de petites dimensions et très épaisses; la pâte est de couleur jaunâtre, se délitant sous l'action de l'humidité; la couverte est formée d'un émail assez épais, cassant; les couleurs sont rares: blanc, vert, bleu, jaune et manganèse (les contours des décors toujours cernés par un trait de manganèse); l'émail s'écaille facilement et le ton des couleurs brouillé et terne. Quelques-uns des décors sont imités des faïences importées d'Asie Mineure ou de Syrie, mais le dessin est rendu sous une forme toute spéciale aux carreaux de faïence fabriqués dans le Moghreb où le décor est souvent imprégné d'influences occidentales.

Panneau à droite du tombeau. — La première travée de ce panneau est revêtue de carreaux de faïence à fond blanc-verdâtre, avec un décor floral bleu, vert et manganèse peu distinct et manifestement imité des faïences d'Asie Mineure. Des plaques de faïence italiennes terminent la partie supérieure. Une grande fenêtre est encadrée d'une bordure de faïence de fabrication européenne imitant le type du cyprès[2] et de quelques autres modèles[3] (pl. XI, 1). La seconde travée comprend un revêtement de même fabrication que la précédente mais de dessins

[1] Max van Berchem, *Corpus*, p. 625. Cette mosquée est située en face de la mosquée Al-Azhar.

[2] Musée arabe, salle XII, n° 34 (*Catalogue*, p. 253).

[3] Semblable au n° 81, salle XI du Musée arabe (*Catalogue*, p. 245), provenant de la mosquée Al-Hasanain. La mosquée Al-Hasanain ne renferme plus de carreaux de faïence.

différents. Sur un fond jaune pâle, un ovale à fond bleu renferme une gerbe de fleurs en blanc avec touches de jaune et de vert. Un trait de manganèse cerne et maintient les couleurs de ces plaques de faïence.

Mur du fond du tombeau. — La muraille du fond de la salle est décorée de quatre grands panneaux représentant un pseudo-mihrâb. Ils sont à peu près semblables de décoration; la niche du mihrâb, formée par un arc en fer à cheval, contient dans un enchevêtrement d'une abondance très touffue une série de minarets, de coupoles, de lampes, de colonnes, de coupes largement évasées, disposés au milieu d'un décor de rinceaux, de feuillages aux couleurs bleues, jaunes, vertes et brun manganèse (pl. XI, 2). Ces panneaux sont entourés par des carreaux de remplissage semblables à ceux de la paroi précédente; on y trouve aussi de nombreuses plaques de fabrication italienne. Un cinquième panneau est composé par de grandes plaques de faïence à dessins floraux en vert, bordés de jaune, sur fond bleu; une bordure de carreaux du type du cyprès (fabrication européenne) entoure ce dernier panneau.

Panneau de gauche. — Cette muraille est tapissée des mêmes carreaux de faïence que les travées de droite.

Sous les portiques de la cour de la mosquée, les portes et fausses fenêtres sont ornées de tympans en faïence semblables à celles des tympans de la façade extérieure.

Les deux inscriptions sur émail trouvées dans la mosquée de Sayyida Nafîsah établissent d'une manière certaine l'existence d'ateliers de céramistes fabriquant des carreaux de faïence.

Les caractères des produits d'un des céramistes, Issa, originaire de Tauris, nous reportent vers les XVIe-XVIIe siècles. Dans le chapitre II il a été étudié les diverses productions de cette période. Quant au second, Abd Al-Karim, de Fez, une date 1171 H. (1757-1758) nous fixe sur l'époque où l'on commença la reproduction des carreaux de faïence d'Asie Mineure. C'est à cette époque également et à l'un de ces ateliers peuplés d'ouvriers moghrebins (marocains et tunisiens) qu'il faut attribuer la décoration du tombeau de Mohammad bey Abu dh-Dhahab[1]. La fabrication de ces carreaux de faïence se continua pendant tout

[1] Comparer le mihrâb, salle XI, n° 18, du Musée arabe (voir *Catalogue*, p. 233 et p. 240-241): on retrouve le même arc en fer à cheval sur les mihrâbs en faïence du tombeau de Mohammad bey Abu dh-Dhahab. Voir aussi Musée arabe, salle XI, n° 103 (*Catalogue*, p. 245 et fig. 46, p. 246) et les panneaux de cette dernière mosquée.

le XVIIIe siècle, car en 1798 il existait au Caire[1] des fabriques qui produisaient «ces carreaux d'appartement appelés «qeychâny», avec lesquels les Égyptiens modernes remplacent les carreaux beaucoup mieux faits par leurs ancêtres, et qu'on se procure en détruisant, dans les anciens monuments arabes, les murailles qui en étaient garnies et ornées»[2].

III. — CARREAUX DE FAÏENCE D'ORIGINE MOGHRABINE ET EUROPÉENNE.

L'Égypte ne se borna pas à importer des plaques de faïence de l'Asie Mineure et de la Syrie, elle s'adressa aussi au Maroc, à l'Espagne, à l'Italie (peut-être aussi aux fabriques du Midi de la France) et, pour le sabîl du sultan Mustafâ, à la Hollande (Delft)[3].

§ 1. — MADRASAH AL-AÏNI.

La madrasah Al-Aïni fut construite en 814 H. (1411-1412)[4]; le revêtement céramique[5] du mihrâb appartient sans doute à une époque ultérieure. La niche du mihrâb (pl. XII, 1), surmontée par un arc de forme persane, ornée de stalactites et de deux colonnettes d'angle, un large encadrement et une inscription coranique placée au-dessus de l'arc, sont revêtus de mosaïque de faïence[6]. Le

[1] «Ce n'est que dans quelques ateliers du Kaire qu'on fabrique d'autres espèces de poteries ayant une couverte, soit en verre de plomb coloré diversement, soit en émail de différentes couleurs» (*Description de l'Égypte*, éd. Panckoucke, t. XII, p. 473, et t. XVIII, 2e partie, p. 396).

[2] *Description de l'Égypte*, 1798, éd. Panckoucke, t. XII, p. 473, et t. XVIII, 2e partie, p. 396. Cf. *loc. cit.*, t. XVIII, 2e partie, p. 414 : «C'est dans le Bâb ech-Charyeh que se débitent les poteries et fayences communes du pays. Les fourneaux de pipes et les produits en terre cuite, les poteries d'Europe et les porcelaines se vendent dans le Mousky.»

[3] La série de carreaux de faïence portant les nos 1 à 36 du Musée arabe, salle XII, *Catalogue*, p. 253 (voir p. 235), sont de fabrication européenne; plusieurs de ces carreaux, vraisemblablement fabriqués pour l'exportation dans les pays d'Orient, reproduisent, plus ou moins modifiés, des dessins d'un style oriental (nos 6, 7, 28, 33, 34 et 35); quant aux autres plaques, elles sont de fabrication purement occidentale.

[4] Maqrîzi, *Hist. des sultans mamlouks*, trad. Quatremère, t. I, 2e partie, appendice, p. 222 et 224; *Bulletin de l'Institut égyptien*, 2e série, no 4, 1883, p. 144. La mosquée Al-Aïni est située dans le zokak El-Enaba, no 1, au quartier Al-Daoudari.

[5] Bourgoin, *Précis de l'art arabe*, *Mémoires de la Mission archéol. française du Caire*, 1892, t. VII, 2e partie, p. 1, pl. I à IV; Franz pacha, *Baukunst des Islam*, p. 93; Herz bey, *Catalogue du Musée arabe*, p. 233, note 1.

[6] Bourgoin, *op. cit.*, pl. I et IV. Comparer au mihrâb de la mosquée Al-Aïni les niches des mihrâbs des mosquées suivantes (on y remarque, dans la forme architecturale et la technique du

décor est composé de dessins géométriques constitués par des rectangles, des carrés, étoiles, etc., de faïence aux tons bleu lapis, bleu turquoise verdâtre et blanc glacé[1]; la pâte est formée d'une terre jaunâtre délitée par l'humidité. Les différents morceaux de faïence sont assemblés avec un soin extrême; chacun des petits rectangles d'égale épaisseur et de même teinte sont presque soudés l'un à l'autre. Les stalactites, les colonnettes à décors de fleurons bleu sur blanc, les faïences d'angles, le développement du mot coufique (الله), de la partie inférieure de la niche du mihrâb, etc.[2], dénotent une minutie d'exécution remarquable[3]. En général, le mihrâb de la mosquée Al-Aïni est d'époque assez récente (XVIIe-XVIIIe siècles) et peut être attribué aux ouvriers moghrabins venus en Égypte dans le cours des années 1155 H. (1742) à 1171 H. (1757-1758).

§ 2. — MOSQUÉE DE L'ÉMIR CHAIKHÛ.

La mosquée de l'émir Chaikhû, élevée en 750 H. (1349-1350)[4], reçut, postérieurement à sa construction (comme de nombreuses mosquées du Caire), une décoration céramique dans la partie inférieure du mihrâb[5]. Ce revêtement

revêtement céramique, de nombreux points de rapprochement) : à Konia, mosquée Hakim bey (616-634 H. = 1219-1236), cf. F. SARRE, *Seldschukische Kleinkunst*, Leipzig, 1909, Teil II, p. 42, fig. 35; IDEM, *Denkmäler Persischer Baukunst*, Berlin, 1910, texte, p. 132, *Atlas*, pl. CV; Syrtchaly medréssé (640 H. [1242-1243]), cf. SARRE, *Seldschukischen*, etc., p. 43, fig. 34, et *Denkmäler*, etc., texte, p. 125; mausolée de Sahib Ata (668 H. = 1269-1270), SARRE, *Seldschukischen*, etc., p. 42, fig. 43, et *Denkmäler*, etc., texte, p. 132, fig. 188.

[1] BOURGOIN, *op. cit.*, pl. 2, donnant la couleur des teintes.

[2] BOURGOIN, *op. cit.*, pl. I et pl. 2, reproduction en couleur d'une partie de la niche, et pl. 3, détails également en couleur.

[3] W. et G. Marçais (*Les monuments arabes de Tlemcen*, Paris, 1903, p. 80-81) donnent le nom de «qirati» à cette forme de la mosaïque de faïence, qui paraît originaire du Moghreb. Voir W. MARÇAIS, *Musée de Tlemcen*, Paris, 1906, p. 22, n° 206 et pl. VIII, 2, même modèle que le travail du mihrâb d'Al-Aïni.

Dans un des mihrâbs de la mosquée Al-Hasanain, au Caire, offert en 1303 H. (1885-1886) par un sultan du Maroc, nous retrouvons cette même technique de travail. Voir aussi le pavement de la tombe de l'Imam Chafey fait dans ce genre de mosaïque de faïence. Cf. SALADIN, *Art musulman*, p. 247, pour procédé de fabrication de ces marqueteries de faïence.

[4] MAX VAN BERCHEM, *Corpus*, p. 231.

[5] PRISSE D'AVENNES, *L'Art arabe*, texte, p. 196; Comité, fasc. XXII, 1906, p. 81, 110. Un certain nombre de ces carreaux sont exposés au Musée arabe, salle XI, n°s 35-43 (*Catalogue*, p. 242).

Voir PRISSE D'AVENNES, *op. cit.*, p. 194. Les mosaïques de faïences signalées par cet auteur dans le tombeau de l'Imam Chafei et semblables à celles de la mosquée Chaikhû, n'existent plus. On y

consiste en de petits carreaux de faïence (o m. 13 cent. de côté); ils marquent le point d'un des derniers termes de la décadence de la mosaïque de faïence : des filets blancs légèrement en relief forment le décor géométrique composé de rosaces étoilées et d'entrelacs rectilignes[1] et limitent en même temps les polygones contenant des émaux diversement colorés[2], comprenant le vert, noir, jaune, brun, bleu et rouge (pl. XII, 2).

L'une de ces plaques porte un fragment d'inscription[3] en caractères décoratifs coufiques; les hampes des lettres, en relief et en blanc sur un fond bleu, s'enlacent dans la décoration géométrique de la bordure. Les carreaux de faïence de la mosquée Chaikhû[4] appartiennent à une fabrication étrangère; ils ont été importés soit du Moghreb[5], soit de l'Espagne[6] où de nombreux monuments, dont la construction s'étend sur une période allant du xve au xviiie siècle, furent décorés de ce même revêtement.

Zelidj, mot moghrabin (transformé par les Espagnols en *azulejos;* cf. Saladin, *Art musulman*, p. 464, note 1), désignait à l'origine la mosaïque de faïence; plus tard les carreaux de faïence à décor géométrique reçurent également ce nom[7].

§ 3. — MOSQUÉE KHUCHQADAM AL-AHMADI.

La mosquée Khuchqadam Al-Ahmadi (antérieurement ancien palais[8]) subit, à différentes époques, de nombreuses transformations. Le Musée arabe[9] possède

remarque le fronton d'un petit mihrâb décoré par des carreaux de faïence pareils aux modèles à la coupe de la mosquée Ibrahîm Agâ.

[1] Prisse d'Avennes, *op. cit.*, texte, p. 196, 197 et pl. CVIII et CIX; les faïences représentées sur la planche CXXVIII ont disparu.

[2] W. et G. Marçais, *Les monuments arabes de Tlemcen*, Paris, 1903, p. 83, 236 et 238; Migeon, *Art musulman*, p. 335.

[3] عز لمولانا السلطان «gloire à notre seigneur le sultan» (Prisse d'Avennes, *op. cit.*, texte, p. 197; Herz bey, *Catalogue*, p. 242, n° 43).

[4] Stanley Lane-Poole (*The art of the Saracens in Egypt*, London, 1886, p. 236) mentionne que quelques-uns des carreaux de la mosquée Chaikhû sont conservés au Musée South Kensington, à Londres.

[5] Marçais, *op. cit.*, mosquée de Sidi Bou-Médine à Tlemcen, p. 263 (cf. p. 238).

[6] Migeon, *Art musulman*, p. 334 et 335.

[7] Marçais, *op. cit.*, p. 79, note 2, et p. 238; F. Sarre, *Die Spanisch-maurischen Lüster-Faïencen des Mittelalters und ihre Herstellung in Malaga*, dans *Jahrbuch des königlich Preussischen Kunstsammlungen*, 1903, Heft II, p. 22, note 1; Herz bey, *Catalogue*, p. 234.

[8] Comité, fasc. xxvi, 1909, p. 159-164, pl. I et II. Cet édifice se trouve à Darb al-Hosr.

[9] Musée arabe, salle XI, n° 34 (*Catalogue*, p. 24).

un fragment de carreau de faïence, provenant de ce monument, identique comme dessins et couleurs à ceux de la mosquée Chaikhû. Une bordure en faïence, ornée de merlons en trapèzes dentelés bleus sur fond blanc, couronnait la partie supérieure de ces plaques de faïence[1].

§ 4. — MADRASAH DU SULTAN MALIK KÂMIL MOHAMMAD (622 H.) RESTAURÉE EN 1166 H. (1752-1753) PAR L'ÉMIR HASAN [2].

Le tympan du portail de la madrasah Kâmilyyah, reconstruite en 1166 H. (1752-1753) par le Katkhodâ Hasan ach-Cha'râwi, est recouvert de quelques carreaux de faïence. Ce sont des plaques décorées d'un vase avec anses, entouré, de deux côtés, par une tige de feuillages en bleu sur fond blanc; reproduction des plaques de faïence hexagonales de fabrication locale exécutées au XVIe siècle (cf. Musée arabe, salle XII, n° 37, et voir p. 15 et 16).

§ 5. — SABÎL-KUTTÂB DU SULTAN MUSTAFÂ.

Au-dessus de la porte d'entrée du sabil du sultan Mustafâ, élevé en 1173 H. (1759-1760), un tympan est recouvert de faïence en fragments appartenant au groupe des carreaux importés de Turquie[3]. Quant aux parois de la chambre du sabil, elles sont revêtues de plaques de faïence provenant de Delft (Hollande)[4].

§ 6. — ÉGLISES AL-ADRA ET SAINT-GEORGES.

Les niches de deux petites chapelles de l'église copte Al-Adra[5] sont entourées par un revêtement de carreaux de faïence. L'une d'elles est ornée d'un fronton formé de plaques de faïence semblables à celles des bordures de la mosquée d'Ibrahîm Agâ et de carreaux de fabrication locale et européenne; la bordure de la seconde comprend des plaques de fabrication italienne (décor rococo, au centre un oiseau volant).

[1] Prisse d'Avennes, *L'Art arabe, Atlas*, voir les merlons de la planche CIX.

[2] Max van Berchem, *Corpus*, p. 98. Ce monument, appelé aussi Kâmilyyah, est situé dans la rue An-Nahhâsîn, n° 8, à côté de la madrasah Barqûq.

[3] Ali pacha Mubârak (*Khitat*, VI, p. 63, l. 9) mentionne, de plus, une frise de faïence sur la façade (?).

[4] Musée arabe, salle XII, n° 36 (*Catalogue*, p. 235 et 253). Ce monument est situé dans la rue Nasriyah, vis-à-vis de la mosquée Sayyedah Zeinab.

[5] Située à Haret Zoueila, au Caire.

Dans l'église Saint-Georges[1], au Vieux-Caire (église Al-Mo'allaqa), les tympans de quelques portes et le revêtement de petites niches creusées dans le mur des cours de l'église, sont ornés de faïences du même modèle que celles de la façade de la mosquée Mohammad bey Abu dh-Dhahab (tympan des portails); les carreaux des niches appartiennent à une industrie européenne (fleurons bleus sur fond blanc).

[1] «The greek church of St George, perched on the top of the round Roman tower, is finely decorated with damascus and Rhodian tiles and silver lamps» (STANLEY LANE-POOLE, *Cairo sketches of its history*, London, 1893, p. 219).

DEUXIÈME PARTIE.

PROVINCES DE L'ÉGYPTE.

MOSQUÉE AS-SINI À GIRGÂ.
MOSQUÉES AL 'AMRI À QÛS ET À ACHMOUNEÏN.

§ 1. — MOSQUÉE AS-SINI.

La mosquée As-Sini, à Girgâ[1], construite en 1188 H. (1774-1775), conserve un important revêtement de plaques de faïence. La niche du mihrâb, une partie des murs qui l'entoure sont entièrement recouverts de carreaux de faïence; deux autres panneaux sont composés par des fragments rassemblés sans ordre[2]. Les plaques de-faïence sont fixées sur le mur au moyen d'un clou qui les traverse dans leur milieu[3]. La décoration céramique de la mosquée As-Sini appartient au même groupe que celle de la mosquée Ibrahîm Agâ, au Caire. On y trouve le modèle de la coupe ornée d'une gerbe de fleurs (tulipes et œillets) disposée en éventail, et les mêmes carreaux de remplissage avec dessins en bleu

[1] Il y a une centaine d'années, une mosquée nommée As-Sini, bâtie vers la fin du xvie siècle, fut détruite par une inondation du Nil (cf. Maxime du Camp, *Égypte, Nubie, Palestine et Syrie*, Paris, 1852, in-f°, pl. XIV et XV); les plaques de faïence qui la décoraient furent sauvées par le chaikh Abd Ar-Rahmân Al-Oulami (?), qui en orna tant bien que mal les murs de la mosquée appelée aujourd'hui Abd Al-Mounaïm et qui prit également, de même que la première, le nom d'As-Sini (*Bulletin de l'Institut français d'archéologie orientale du Caire*, t. VI, 1908, p. 8; Comité, fasc. xxiv, 1907, p. 131). Le nom «Gâmi As-Sini» de la mosquée du chaikh Abd el-Mounaim a donné cours à plusieurs légendes sur la fondation, à une époque antérieure, d'une première mosquée portant ce nom. Une «princesse de Chine» serait venue à Girgâ et y aurait bâti une mosquée revêtue de faïences bleues semblables, dans l'imagination populaire, aux monuments de la Chine (Beled As-Sin). De là serait venu ce nom de «Sini, Tchini» (Chine), qui désigne encore aujourd'hui, avec les noms de *qichani* et de *zélizli* pour les carreaux de Rosette, les carreaux de faïence et la plupart des produits céramiques (*Bulletin de l'Inst. franç. d'archéol. orient. du Caire*, t. VI, 1908, p. 8 et 9; Comité, fasc. xxiv, 1907, p. 131).

[2] Comité, fasc. xiii, 1897, p. 81; fasc. xxiv, 1907, p. 3 et p. 131 et pl. I; *Bulletin de l'Inst. franç. d'archéol. orient.*, t. VI, p. 8.

[3] Comité, fasc. xiii, 1897, p. 82; *Bulletin de l'Inst. franç. d'archéol. orient.*, t. VI, p. 8, mentionne que ces clous, selon la légende locale, étaient d'argent avant d'avoir été rouillés.

et vert sur fond blanc[1]. Un motif central, dans le fond du mihrâb, représente, sur trois plaques, un vase entouré par une décoration de fleurs et de feuillages stylisés. Les carreaux de la mosquée As-Sini, comme ceux d'Ibrahîm Agâ, proviennent des fabriques d'Asie Mineure (Isnik). La mosquée Yeni Validé (carreaux de remplissage, modèle à la coupe, et motif du mihrâb à As-Sini), celle de Rustem pacha et le revêtement de quelques bâtiments du Palais de Top-Capou (Vieux Sérail) à Constantinople, contiennent des plaques de faïence semblables à celles de la mosquée de Girgâ.

§ 2. — MOSQUÉES AL-'AMRI À QÛS ET À ACHMOUNEÏN.

Les plaques de faïence dont Prisse d'Avennes[2] fait mention dans la mosquée Al-'Amri à Qûs n'existent plus[3].

Quant aux faïences signalées par M. Maspero[4] dans la mosquée Al-'Amri à Achmouneïn[5], nous n'en trouvons plus de traces[6].

La description des monuments à décor céramique d'Alexandrie et de Rosette fera l'objet d'une prochaine étude. Les carreaux de faïence aux dessins généralement polygonaux qu'on trouve dans les édifices de ces deux villes sont appelés *zézizli* (de *zélidj*); ils proviennent d'une fabrication locale (ateliers de céramistes marocains semblables à ceux installés au Caire dans le courant du XVIIe-XVIIIe siècle) ou ont été importés du Moghreb.

[1] Comité, fasc. XXIV, 1907, p. 3.
[2] PRISSE D'AVENNES, *L'Art arabe*, texte, p. 274, et *Atlas*, t. II, pl. CXIV-CXV.
[3] Communication de M. Max van Berchem (1914).
[4] Comité, fasc. XIX, 1902, p. 12.
[5] Sohag, mudirieh de Girgâ.
[6] Le bulletin du Comité, fasc. XXIV, 1907, p. 63, mentionne que cette mosquée ne «contient rien de remarquable».

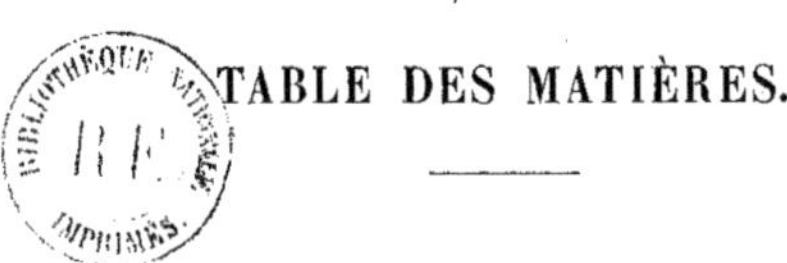

TABLE DES MATIÈRES.

PAGES.

Introduction VII

PREMIÈRE PARTIE. — LE CAIRE.

Chapitre I. *La mosaïque de faïence :*

§ 1. Mosquée de Mohammad An-Nâçer ibn Qalâoûn 1
Sabîl du sultan Mohammad An-Nâçer ibn Qalâoûn 4
§ 2. Mausolée de l'émir Saif Ad-dîn Tachtimur 5
§ 3. Mosquée de l'émir Altûn-Boghâ Al-Mâridâni 5
§ 4. Mosquée Aslam Al-Bahâ'i 6
§ 5. Mausolée de la princesse (Khond) Toghaï 6

Chapitre II. *Les carreaux de faïence (fabrication locale) :*

§ 1. Fontaine du sultan Qâyt-Bây 11
§ 2. Madrasah du sultan Djân-pûlad 12
§ 3. Mausolée de l'émir Saîf Ad-dîn Azrumuk 12
§ 4. Mousolée du sultan Qânsûh Al-Gûri 12
§ 5. Mosquée de Sîdi Sâriah 13
§ 6. Tombeau du chaikh Sé'oud 14
§ 7. Mausolée de l'émir Sulaymân 14
§ 8. Tombeau et zâwiyah de Sidi Ali Negm 15

Chapitre III. *Les carreaux de faïence :*

I. — Carreaux de faïence importés d'Asie Mineure et de Syrie :

§ 1. Mosquée de l'émir Aqsunqur ou mosquée d'Ibrahîm Agâ 19
§ 2. Iwân de Mohammad ibn Qalâoûn 22
§ 3. Mosquée Atar An-Nabî 23
§ 4. Mosquée Al-Fakahâni 24
§ 5. Mosquée Al-Azhar 25
§ 6. Tekieh Al Gulchâni 25

Sabîls-kuttâbs :

§ 7. Sabîl de l'émir Omar 28
§ 8. Sabîl-kuttâb de Khalil efendi Al-Makâte'gui 28
§ 9. Sabîl-kuttâb Mustafâ bey Tabtabaï 29
§ 10. Sabîl-kuttâb de Mustafâ Sinân 29
§ 11. Sabîl-kuttâb Yûsuf Agâ Al-Habachi 29
§ 12. Sabîl-kuttâb El-Belifia ou de Hasan Agâ Koklaïan 30
§ 13. Sabîl-kuttâb de l'émir Abd Ar-Rahmân 30
§ 14. Sabîl-kuttâb de la Madrasah du sultan Mahmûd 32
§ 15. Sabîl de Mohammad bey Abu dh-Dhahab 33

7.

PAGES.

Maisons :

§ 16. Maison du chaikh Mohammad Al-Kassabi 34
§ 17. Maison Al-Mufti 34
§ 18. Maison Mahmûd Sâmi Al-Baroudi 34
§ 19. Maison wakf Ahmed Hussein 35
§ 20. Maison wakf Radouân bey 35

II. — Carreaux de faïence de fabrication indigène copiés sur des carreaux importés en Égypte :

§ 1. Mausolée de Sayyidah Nafîsah 38
§ 2. Sabîl-kuttâb Ibrahîm bey, dit d'Ismaïl bey 41
§ 3. Sabîl-kuttâb El-Sitt Rokkaya Doudou Bent Badaouieh Châhîn 41
§ 4. Mosquée de Mohammad bey Abu dh-Dhahab 42

III. — Carreaux de faïence d'origine Moghrabine et européenne :

§ 1. Madrasah Al-Aïni 44
§ 2. Mosquée de l'émir Chaikhû 45
§ 3. Mosquée Khuchqadam Al-Ahmadi 46
§ 4. Madrasah du sultan Malik Kâmil Mohammad, restaurée en 1166 H. (1752-1753) par l'émir Hasan 47
§ 5. Sabîl-kuttâb du sultan Mustafâ 47
§ 6. Églises Al-Adra et Saint-Georges 47

DEUXIÈME PARTIE. — PROVINCES DE L'ÉGYPTE.

§ 1. Mosquée As-Sini, à Girgâ 49
§ 2. Mosquées Al-ʿAmri, à Qûs et à Achmouneïn 50
Mosquées de Rosette et d'Alexandrie 50

TABLE DES PLANCHES.

PLANCHE I.

Fig. 1. Minaret nord-est de la mosquée Mohammad An-Nâçer ibn Qalâoûn (revêtement céramique).

Fig. 2. Minaret de la mosquée Mohammad An-Nâçer ibn Qalâoûn en 1798.

PLANCHE II.

Mosquée Aslam Al-Bahâ'i (revêtement en mosaïque de faïence du tambour de la coupole).

PLANCHE III.

Mausolée de la princesse Togbaï (revêtement en mosaïque de faïence du tambour de la coupole).

PLANCHE IV.

Fig. 1. Tympan en plaques de faïence provenant du sabîl du sultan Qâyt-Bây.

Fig. 2. Plaques de faïence provenant du mausolée du sultan Qânsûh Al-Gûri.

PLANCHE V.

Mausolée de l'émir Sulaymân (plaques de faïence sur la ceinture du dôme).

PLANCHE VI.

Fig. 1. Plaques de faïence sur la qiblah de la zâwiyah de Sidi Ali Negm.

Fig. 2. Mosquée Ibrahîm Agâ (revêtement de plaques de faïence du mur de la qiblah).

PLANCHE VII.

Fig. 1. Mosquée Ibrahîm Agâ (panneaux de faïence du tombeau d'Ibrahîm Agâ).

Fig. 2. Mosquée Al-Fakahâni (revêtement de plaques de faïence du mihrâb).

PLANCHE VIII.

Fig. 1. Tekieh Al-Gulchâni (revêtement de plaques de faïence de la façade du mausolée).

Fig. 2. Sabîl-kuttâb de l'émir Abd Ar-Rahmân (revêtement de plaques de faïence des écoinçons d'une des fenêtres intérieures du sabîl).

PLANCHE IX.

Fig. 1. Sabîl-kuttâb Yûsuf Agâ Al-Habachi.

Fig. 2. Sabîl-kuttâb de Rokkaya Doudou.

PLANCHE X.

Fig. 1. Plaque de faïence provenant du mausolée de Sayyidah Nafîsah. (Dans les angles, en caractères coufiques, nom d'un céramiste d'origine persane.)

Fig. 2. Plaques de faïence provenant du mausolée de Sayyidah Nafîsah. (Inscription mentionnant un céramiste originaire du Moghreb.)

PLANCHE XI.

Fig. 1. Mosquée Mohammad bey Abu dh-Dhahab (revêtement de plaques de faïence de la salle du tombeau).

Fig. 2. Mosquée Mohammad bey Abu dh-Dhahab (moitié d'un panneau en carreaux de faïence de la salle du tombeau).

PLANCHE XII.

Fig. 1. Madrasah Al-Aïni (revêtement céramique du mihrâb).

Fig. 2. Mosquée de l'émir Chaikhû (plaques de faïence provenant du mihrâb).

1

Minaret nord-est de la mosquée Mohammad An-Nâçer ibn Qalâoûn.
(Revêtement céramique.)

2

Minaret de la mosquée Mohammad An-Nâçer ibn Qalâoûn en 1798.

Mosquée Aslam Al-Bahâ'î.
(Revêtement en mosaïque de faïence du tambour de la coupole.)

Mausolée de la princesse Toghaï.
(Revêtement en mosaïque de faïence du tambour de la coupole.)

1
Tympan en plaques de faïence provenant du sabîl du Sultan Qâyt-Bây.

2
Plaques de faïence provenant du mausolée du Sultan Qânsûh Al-Gûri.

Mausolée de l'Émir Sulaymân.
(Plaques de faïence sur la ceinture du dôme.)

1

Plaques de faïence sur la qiblah de la zâwiyah de Sidi Ali Negm.

2

Mosquée Ibrahim Agâ.
(Revêtement de plaques de faïence du mur de la qiblah.)

1

Mosquée Ibrahim Agâ.

(Panneaux de faïence du tombeau d'Ibrahim Agâ.)

2

Mosquée Al-Fakahâni.

(Revêtement de plaques de faïence du mihrâb.)

1

Tekieh Al-Gulchâni.

(Revêtement de plaques de faïence de la façade du mausolée.)

2

Sabil-Kuttâb de l'Emir Abd Ar-Rahmân.

(Revêtement de plaques de faïence des écoinçons d'une des fenêtres intérieures du sabil.)

1

Sabil-Kuttâb Yusûf Agâ Al-Habachi.

2

Sabil-Kuttâb de Rokkaya Doudou.

1

Plaque de faïence provenant du mausolée de Sayyidah Nafisah.
(Dans les angles, en caractères coufiques, nom d'un céramiste d'origine persane.)

2

Plaques de faïence provenant du mausolée de Sayyidah Nafisah.
(Inscription mentionnant un céramiste originaire du Moghreb.)

1

Mosquée Mohammad bey Abu dh-Dhahab.
(Revêtement de plaques de faïence de la salle du tombeau.)

2

Mosquée Mohammad bey Abu dh-Dhahab.
(Moitié d'un panneau en carreaux de faïence de la salle du tombeau.)

1

Madrasah Al-Aïni.
(Revêtement céramique du mihrâb.)

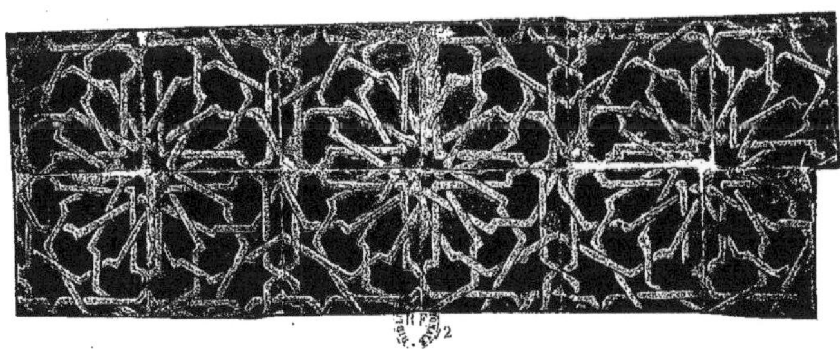

2

Mosquée de l'Émir Chaikhû.
(Plaques de faïence provenant du mihrâb.)

Imp. Catala frères - Paris

www.ingramcontent.com/pod-product-compliance
Ingram Content Group UK Ltd.
Pitfield, Milton Keynes, MK11 3LW, UK
UKHW021111260726
13994UKWH00002B/842